百砚千姿

古砚研究专辑

北京市文物交流中心　编

北京市文物交流中心藏品研究丛书

文物出版社

图书在版编目（CIP）数据

百砚千姿：古砚研究专辑 / 北京市文物交流中心编.
北京 ：文物出版社，2025．6. --（北京市文物交流中心
藏品研究丛书）. -- ISBN 978-7-5010-8774-7

Ⅰ．K875.44

中国国家版本馆CIP数据核字第2025TN9744号

百砚千姿：古砚研究专辑
BAI YAN QIANZI：GUYAN YANJIU ZHUANJI

编　　者　北京市文物交流中心

责任编辑　陈博洋

摄　　影　张　冰

责任印制　张　丽

出版发行　文物出版社

社　　址　北京市东城区东直门内北小街2号楼

邮　　编　100007

网　　址　http://www.wenwu.com

邮　　箱　wenwu1957@126.com

经　　销　新华书店

制版印刷　天津裕同印刷有限公司

开　　本　889mm×1194mm　1/16

印　　张　16.5

版　　次　2025年6月第1版

印　　次　2025年6月第1次印刷

书　　号　ISBN 978-7-5010-8774-7

定　　价　430.00元

编委会

百砚千姿 〉古砚研究专辑

序　言

文物承载灿烂文明，传承历史文化，维系民族精神，是老祖宗留给我们的宝贵遗产，保护好文化和文化遗产，就是保护好中华民族精神生生不息的根脉。

北京市文物交流中心（以下简称"中心"）是北京市文物公司的发展延续，其拥有多个百年老字号，如宝古斋、韵古斋、庆云堂、萃珍斋、墨缘阁、振寰阁、观复斋、韫玉斋等。20世纪六七十年代老一辈文物工作者历尽艰辛，通过多种途径拣选、征集、收购、抢救了大量文物，为祖国和子孙后代留下了宝贵的精神财富和物质财富，同时为诸多文博单位和研究机构提供了数万件藏品和学术研究资料，为传承发展、交流互鉴提供了非常珍贵的文物实证，填补了传统文化研究的空白，在文物研究和保护工作中发挥了重要的作用。

中心成立以来，为促进文物传承保护和文化交流，让文物活起来，努力盘活库藏资源，积极扩大藏品开发利用，加强对文物藏品的学术研究，进行了一系列陈列展览、研学、出版等活动，把收藏在库房里的藏品尽可能地呈现给观众，以满足广大文物爱好者及群众了解历史、汲取知识、欣赏艺术的精神文化需要。

中国古砚是中华文化在漫长的历史发展中创造出来的传统文房用具之一，它与中国绘画、陶瓷、铜器、玉器等同属文化遗产中的瑰宝。它是融雕刻、文字、历史、书法、绘画等于一体的综合艺术，精美博深，毫不逊色于其他艺术，值得广大文物爱好者深入研究和收藏。

中国古砚的收藏历代传承，到了清代风气更盛。黄任、纪昀、翁方纲、阮元等名人，从历史记载中可以得知他们对砚的钟爱。阮元曾在一方砚上题跋"远向端溪得，皆因郢匠成"，表达了对砚的珍视和赞美。黄任有"倘许图添涤器人，为役为佣我自荐"的诗句，表达了对砚的痴迷和专情。由于他们的珍爱和收藏，使一些古砚流传至今，被人们视如珍宝。

中心库藏文物品种繁多，作为文房用具之一，砚也成为其重要的收藏。为了充分发挥利用藏品价值，深入研究藏品的文化发展脉络，讲好藏品背后的历史典故，中心组织出版"北京市文物交流中心藏品研究丛书"，本书《百砚千姿》以中心收藏的历代古砚为卷别。

　　本书讲述了古砚的文化形成、历代古砚的艺术特点、历代古砚的制作工艺这三个方面。全书图文并茂，引经据典，以独特的视角探究了古砚传承的历史文化脉络，是一部了解、学习古砚知识的文物图录，也为保护文化遗产、弘扬民族文化提供了很好的资料。

原北京市文物公司庆云堂经理　赵玉英

2024 年 12 月

目 录

研究论文

图版

古砚风姿

五足青瓷辟雍砚

直径 12.4、高 2 厘米

　　本件器物为东汉至两晋时期的一方五足青瓷辟雍砚。器物整体呈圆形，唇口短，直颈，腰身与足部衔接处出一台，且逐渐外撇。下设五足，受同时期外来佛教影响，呈现出较为原始的覆莲瓣纹样式。器物外侧、足部及底部外侧边缘施青釉，因烧制中氧化较多，呈现米黄色至青色；釉水较为稀薄，胎釉结合不够紧实。器物内部及口沿部分为确保使用功能，为无釉素胎形式。底部露胎处因胎土中铁含量较高，呈现出明显的火石红，且保留了六枚较为宽大的支钉痕迹。

天监八年发愿文残石砚

长 11.8、宽 9.3、高 3 厘米

砚盖铭：偶于长安市购一白石，质甚坚，审其篆铭，询六朝物。爰令石工为研，盖坚白不妨磨涅尔。兰雪轩主人识。

砚底铭：维大梁天监八年（509年）己丑，□月朔，佛弟子萧景敬造玉观音像一区，愿亡父神飞三宝，足周□地，存母长命，延年益寿。家内大小眷属□□平安，真愿期于山龄，遗形放于木叶，暨□大代兹幻影，濯容流邈……运，五方群生，咸同斯庆，生生世世，因缘供养，景息李氏子女妃娘妃淑。

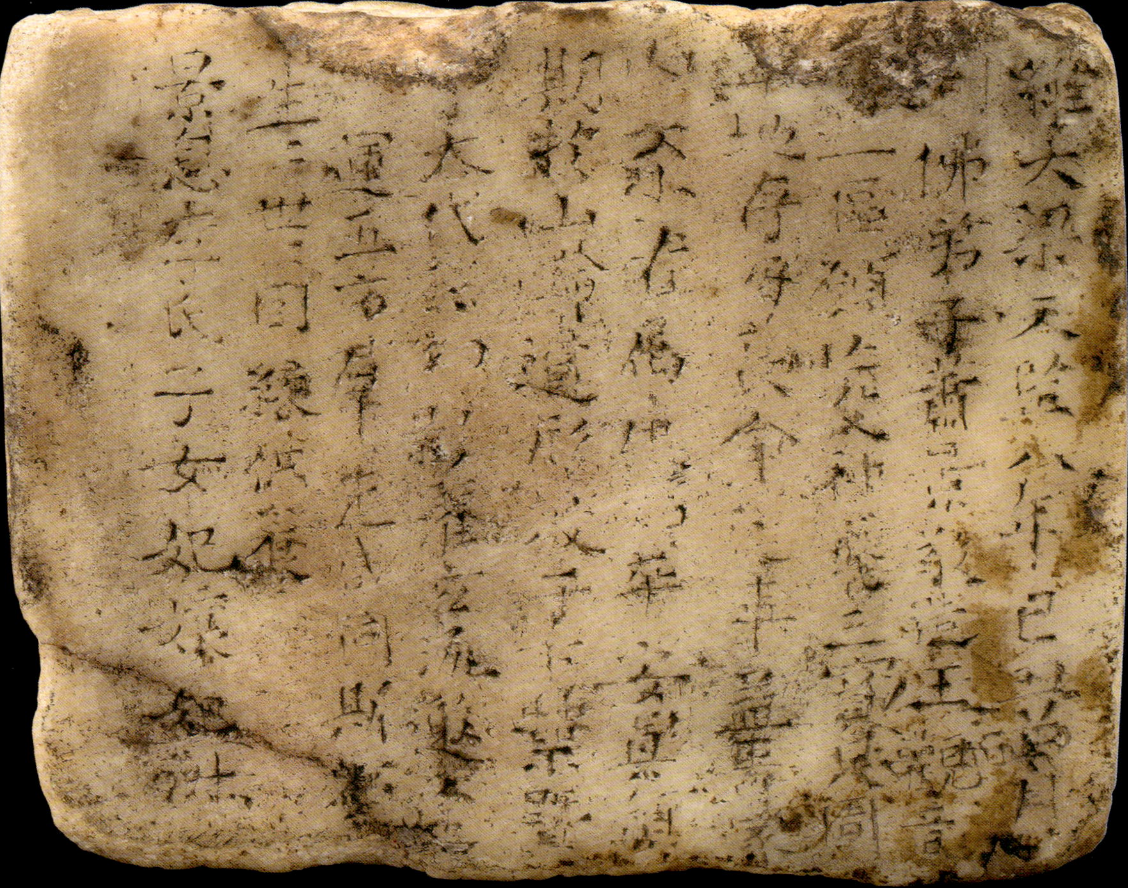

維大梁天監八年歲□□□

佛弟子韓□□□□愛三同□□王□

一區頌此愛父□令□□□□□

以□右佛□□年□□□

敬於山□遠彫□父子□□□

大代□□□玄流□□

運五言□□斯□□

生世目綵綵□

吳息左氏二子女妃媄□

汉延年瓦砚

长 14.9、宽 9.8、高 3.6 厘米

砚底铭：延年。

砚侧铭：延年二字半瓦，并非缺损，乃瓦当中具此一种，适用平列二字，即《殿记》所谓延年殿瓦是也。道光甲辰（1844 年）七月十二日张廷济[①]题，辛刻。

阳文印：张叔未。

阴文印：廷济。

砚侧铭（弧面）：此瓦无细致无年月，而所有二字是汉字非秦字，似汉帝特造，为压胜等事之用。元。

阴文印：阮亨[②]仲嘉。

延年二字半瓦于瀕碳城石盛當中其咗一種書

國□列□字即毀記□諍延年殷瓦是也

道光甲辰六月八百張承鄉題字刻

永安残砖砚

长 12.5、宽 9.3、高 3.4 厘米

    砚侧铭一：永安残砖得于雁荡山中，六舟[3]来作沧浪洒扫僧，属题以志金石之缘。龙石[4]。

    砚侧铭二：磨砖作镜之室所藏。

    砚侧铭三：憩园[5]藏砚之二十五。

    此砚以永安年间古砖制成，长方涡池，残损处随形，古朴厚重。

永宁残砖砚

长 15.1、宽 12.3、高 5.6 厘米

砚盖铭：其质坚，其性纯，涅不缁，磨不磷。噫！此千百年颓垣之瓦砾，今为文室之珍。嘉庆辛酉（1801年）春，方纲[6]铭。

砚侧铭一：磨不磷，抱坚贞，匪求引玉之白，而唯守墨之黑。子勤[7]居士，吴鸿勋[8]铭于武林。

砚侧铭二：晋惠帝永宁元年（301年），大岁辛酉，此系永宁辛酉下侧文也，出于吴兴山中。三康志。

汉砖小方砚

边长8.3、高5.3厘米

砚侧铭：其体方，其质厚，订为石交最耐久。空山相对赏奇文，蟾蜍雨泣龙蛇走。叔通道兄属，东虚铭，匊（掬）卪[9]刻。

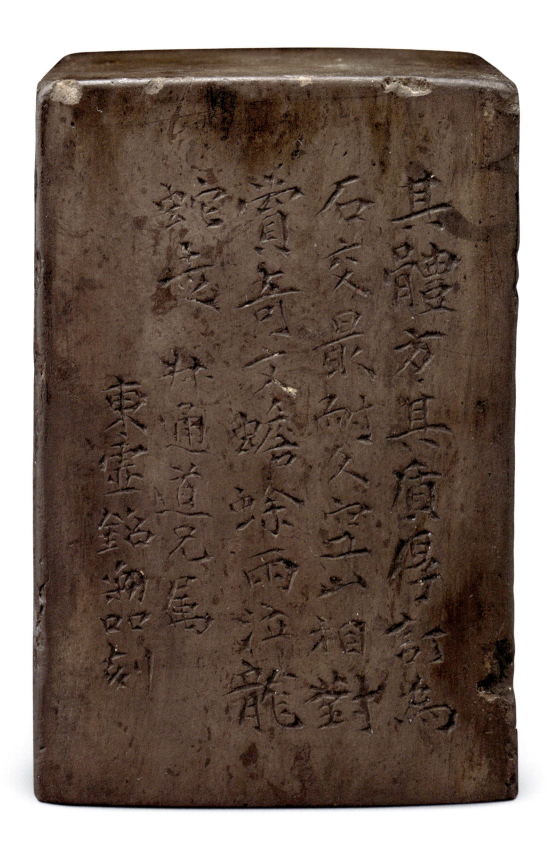

其體方其質厚而為
石炎昊景最耐久空山相對
資奇文蟾餘雨注龍
宮遠　井通道元為
東墅銘翔品刻

百砚千姿 ▼ 古砚研究专辑

皇家御制

松花石御铭砚

长 15.4、宽 10.5、高 1.8 厘米

　　砚底铭：寿古而质润，色绿而声清，
起墨益毫，故其宝也。
　　阴文印：康熙。
　　阳文印：御铭。

松花石万寿砚

长 14.8、宽 10.3、高 1.9 厘米

砚底铭：以静为用，是以永年。
阴文印：康熙、御铭。

歙石仿唐观象砚

直径 14.5、高 1.3 厘米

砚底铭：仿唐观象砚。古圣观象，意在笔前。卦虽画八，理具先天。伊谁制砚，义阐韦编。四维四隅，匪方匪圆。弗设奇偶，全体备焉。玩辞是资，选石仿旂。滴露研朱，用佐穷年。乾隆丙申（1776年）新正御铭。

阴文印：德充符。

阳文印：会心不远。

仿唐觀象硯

古聖觀象
意在筆前卦雖
畫八理具先天伊誰
製硯義闡章編四維四隅
匪方匪圓弗設奇偶全體
備焉玩辭是資選石微海
一滴露研朱用佐窮年
乾隆丙申新正
御銘

021

歙石仿汉石渠阁瓦砚

长 14.5、宽 8.2、高 2.3 厘米

砚额铭：石渠阁，覆以瓦。肖其形，为砚也。出于琢，非出冶。友笔墨，佐儒雅。思卯金，太乙下。乾隆御铭。

阴文印：澄观。

砚顶铭：仿汉石渠阁瓦砚。

歙石仿汉石渠阁瓦砚

长 14.4、宽 8.4、高 2.5 厘米

砚额铭：其制维何，致之石渠。其用维何，承以方诸。研朱滴露润有余，文津阁鉴四库书。乾隆御铭。

阴文印：澄观。

砚顶铭：仿汉石渠阁瓦砚。

此砚歙石制成，质地紧密。形仿作瓦当，琢圆形如满月为砚堂。此御题诗著录于《西清砚谱》"仿汉石渠阁瓦砚铭"，为乾隆朝御用砚铭之铭文。

歙石御铭仿宋德寿殿犀纹砚

长 13.5、宽 7.1、高 1.7 厘米

砚盖铭：嘉庆九年（1804 年）甲子二月初三日，圣驾幸翰林院，赐庶吉士臣孙世昌[⑩]。

砚底铭：砚研理，犀通灵。纯苍玉质为瓶形。数其典分德寿，兴我怀分守口。乾隆御铭。

阳文印：几暇怡情、得佳趣。

砚侧铭一：嘉庆九年甲子二月初三日，圣驾幸翰林院。

砚侧铭二：赐庶吉士臣孙世昌。

砚顶铭：仿宋德寿殿犀纹砚。

端石仿宋天成"风"字砚

长11、宽10.2、高2厘米

砚底铭：大卤噫气，其名曰风。天成取象，制此陶泓。绨几批诺纶绋成，君子之德惕予衷，敢曰万方无不从。乾隆御铭。

阴文印：含辉、德充符。

阳文印：会心不远。

砚顶铭：仿宋天成"风"字砚。

乾隆四十一年（1776年）以后，清廷曾分别以端石、歙石、澄泥大量仿制古砚，用来赏赐宗室大臣，每套六件。有仿汉未央砖海天初月砚、仿汉石渠阁瓦砚、仿唐八棱砚、仿宋德寿殿犀纹砚、仿宋天成"风"字砚、仿宋玉兔朝元砚。此砚为其中式样。"风"字砚，其形如"风"字，故而得名。砚身呈"风"字形，表面磨平为砚堂，上开月牙形墨池。此砚颇为特殊，通体砚铭以篆书写成并描金。

"绿钟"砚

长 10.5、宽 7.6、高 1.7 厘米

砚盖铭：绿钟。偶得绿端，范钟其形。煌煌宸翰，砚背镌铭。韫椟而藏，名曰绿钟。水竹邨人[11]。

阴文印：弢斋。

归云楼砚谱

归云楼砚谱
御制砚
赐砚
先代遗砚
自题砚
自画砚
藏砚

硯底銘：端溪奇品，透徹精瑩。質勢若鐘，方圓其形。乾隆御制。

此硯著錄於《歸雲樓硯譜》。

御铭仿宣和虎符砚

长 17.5、宽 14.2、高 3.15 厘米

砚盖铭：虎符本以调军马，肖形端溪出精英。岁逾数
百石似铜，戛作铜声青绿赭。墨锈斑斓余古香，磨而不磷
佐儒雅。试问持赠宜何人，倚马能书露布者。乾隆甲戌
（1754 年）七月朔日，木兰回跸至避暑山庄。御题。

阳文印：乾隆宸翰。

阴文印：几暇临池。

砚底阳文印：宣和。

御铭仿唐石渠砚

长 13.5、宽 13.5、高 6.6 厘米

砚底铭：石渠唐砚贮西清，赵宋端溪此仿成。虽曰文房聚所好，欲因题句辄惭生。乾隆御题。

阴文印：德充符、宜子孙。

歙石八角砚

直径 10、高 3.6 厘米

砚底铭：嘉庆二十三年（1818 年）正月初二日，重华宫茶宴，赐礼部尚书臣戴联奎。

此砚以歙石制成，用料考究，作八棱面开环池造型，周边刻海水瑞兽浮跃其中。砚背平素，其上有"嘉庆二十三年正月初二日，重华宫茶宴，赐礼部尚书臣戴联奎[12]"铭，可知为嘉庆年间御赐臣下之砚，雕琢工艺精湛。原配大漆砚盒。

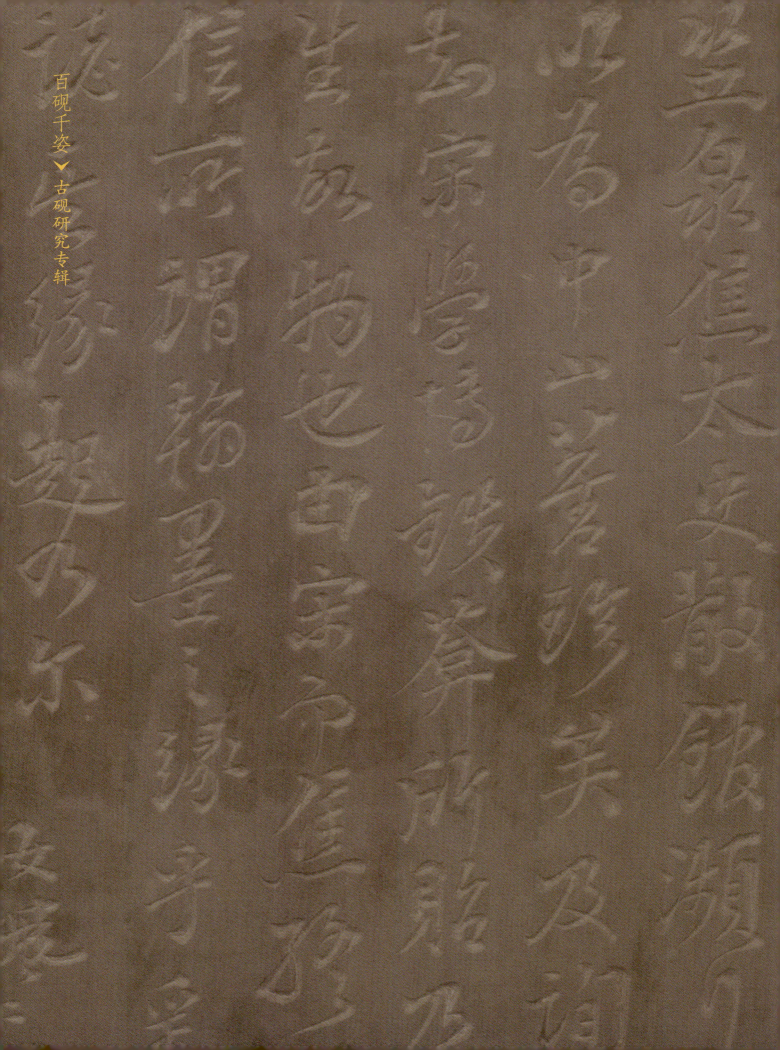

名人铭刻

端石抄手砚

长 17.8、宽 9.9、高 5.4 厘米

砚侧铭一：千夫挽绠，百夫运斤；篝火下锤，以致斯珍。元祐四年（1089 年）三月眉山苏轼。

砚侧铭二：万卷楼藏有苏氏娥眉池研，色青白，如蕉叶有纹，玉肌腻理，扪不留手，与墨亲而无叛。扣之其声沉着，真希世物也。旁有东坡自铭，言水底下岩坑在宋时尚难采取如此，况留传数百载后耶？噫！有研存笥如范莴之遗子孙者，能几人哉？人能贱金玉而宝研石者，又几人哉？余幸获此，爰跋数语，海内鉴赏当题斯言。嘉靖三十九年（1560 年）四月一日，研山居士顾从义⑬识。

砚顶铭：一拳石兮呈祥，伊苏氏兮其昌。庚辰（1700 年）仲春万经⑭题。

阴文印：九、沙。

砚底边铭：万卷楼主人藏。

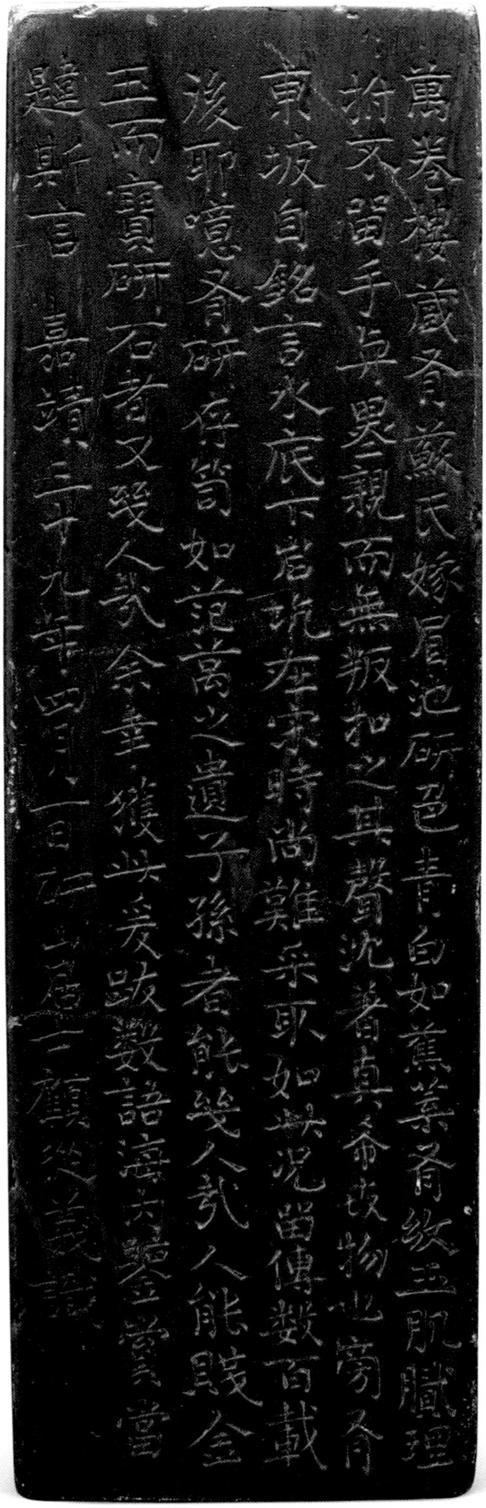

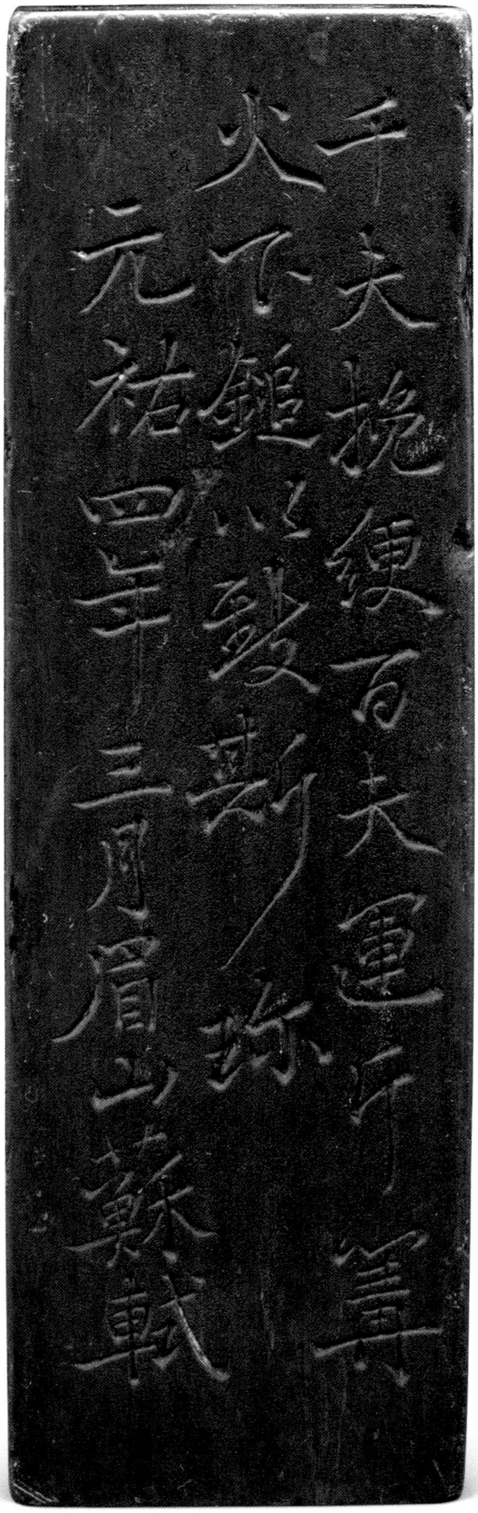

千夫挽綆百夫運斤篝
火下鎚以發斯珍
元祐四年二月眉山蘇軾

萬卷樓藏齋蘇氏嫁眉泡研邑青白如蕉葉齒綴玉肌膩理
拊又瑟手與昊親而無叛如之其聲沈者真希沈物也寧齋
東坡自銘言水底下岩坑左宋時尚難采取如況兒留傳數百載
後耶噫齋研存留如范高之遺子孫者能幾人乎人能賤金
三兩寶研石者又愛人我余畫復興愛跋數語海六鑒賞當
題斯官嘉靖三十九年四月二日云□屬二顧從義跋識

端石"门"字砚

长25.6、宽18.1、高4厘米

砚底铭:厚重则少文,孰坚而秀也。迟钝者匮采,孰朴而茂也。昭昭乎若揭,日月而行也。落落乎若引,列星而就也。上窥苍颉造字之初,何问乎程邈、史籀也。长留浑浑噩噩之遗,纫兹毛苌、伏生所指授也。万历辛卯(1591年)端阳,于孔兼[15]铭。

阴文印:三峰主人、景素。

砚侧铭一:廉则正,宽能受。惟其质之重厚也,故宜居君子之坐右。鹿山[16]。

阴文印:李、馥。

砚侧铭二:兹焉是宝。

阴文印:结翰墨缘、曾在李鹿山处。

刻铭文白端砚

长 15.7、宽 10.4、高 2.8 厘米

砚底铭：耕则道生，思则埋明。来亭□铭。

阳文印：张氏。

阴文印：瑞图。

此方为长方体素池白端砚。白端砚石主要矿物成分是白云石，石质细腻、坚实，不发墨，常作批朱之用。白端石开采于明代，因七星岩是旅游区，20世纪60年代后禁采，故白端石砚比较稀有。白端砚石色洁白如雪，莹润如玉，在以紫色为主调的端砚家族中，别具一格，卓然不群，令收藏家们梦寐以求。白端的最大特点是具有米脂粉糯感，略透淡黄，透光度不是很高。白端品质高洁，但极难见全白纯净之物，几乎百中无一。

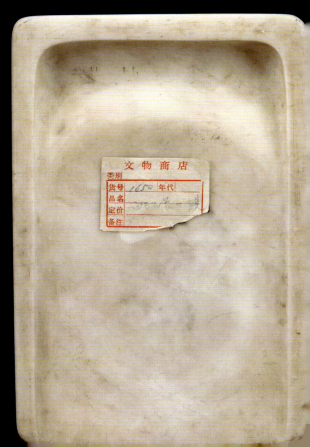

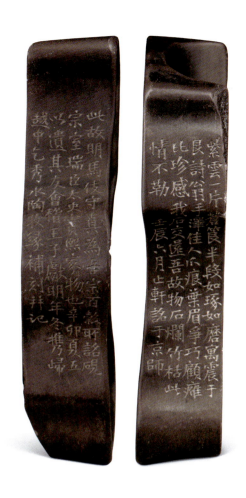

端石竹节砚

长 5.6、宽 10、高 1.7 厘米

硯底铭：不可一日无此君。湘兰[18]为百谷[19]铭。

硯侧铭一：此故明马伎守真为吾宗百谷所诏硯，宗室瑞臣太史宝熙[20]家物也。辛卯夏五以遗其友会稽王子献，明年冬携归越中，乞秀水陶牧缘[21]补刻并记。

硯侧铭二：紫云一片，苍筤半段。如琢如磨，寓震于艮。诗翁手泽，佳人爪痕。叶眉争巧，顾雍比珍。感我石交，还吾故物。石烂竹枯，此情不勒。壬辰六月止轩诏于京师。

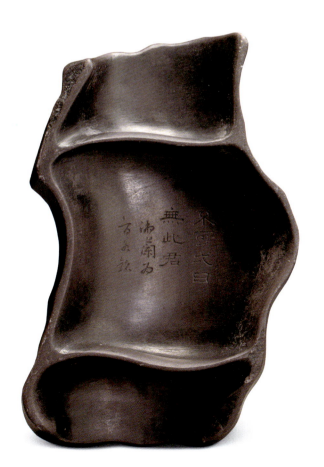

041

端石雕云龙对砚

长 18.9、宽 12.7、高 2 厘米

砚盖铭一：如玉在璞，如珠含胎，借其覆盖，勿染尘埃。嘉庆丁卯（1807年），莱阳宋琬铭。

砚盖铭二：砚之在匣，如锥处囊。及时脱颖，始露英光。丁卯清和月，宋荔裳题。

砚侧铭一：似玉非玉，出蓝胜蓝。冻成鱼脑，宝气中含。瑞应合璧，品越双南。我今获此，潜见同甘。己卯八月耕石顾元熙[20]谨志。

砚侧铭二：砚石何为宝，往古推鱼脑。况色比天青，双双辉翰藻。嘉庆己卯（1819年）仲秋中浣药房张锦芳[21]题。

砚侧铭三：鱼脑冻，砚石之最贵者也，而天青色为尤上，数十年来广求博采，卒不得一觏。今竟获双璧，合天然象形惟肖，所谓物聚所好者，非耶？什袭珍藏，永兹世守。铭曰：璧合宛然示化工，冻成鱼脑任磨砻。青含一片天同色，无限精华萃此中。南城曾珏题。

042

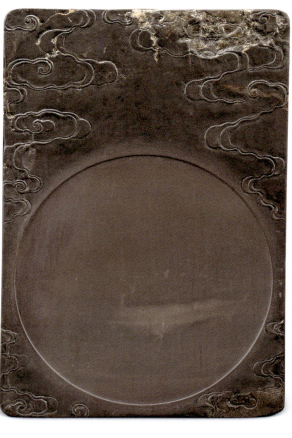
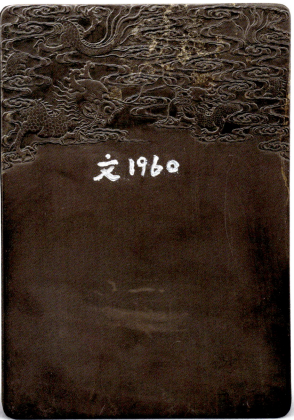

硯石何為寶往古推魚腦況色比天青雙之輝翰藻

嘉慶己卯仲秋中浣約房張錦芳題

仙人掌玄出監腺鹽車成魚腦寶氣中含瑞應合璧

己越陵南戌令夜此潛見同甘己卯八月耕石顧元熙謹誌

魚腦凍觀石之晶最貴者以品天喜色為尤上數十年来廣
求詳採卒不得一覩今意外獲覩壁合天然象形惟肖所謂
物罕所好者如即什襲珍藏永誌世守銘曰

壁合宛如示他工凍成魚腦任磨礲青合一片天同色
忘限裝華莘泮中
南城曾珽題

端石星象图砚

长 18、宽 11.9、高 4.7 厘米

硯底铭：古瑞呈图，注极宇宙，永而宝之，方寸之地。

硯侧铭：檇李项氏[24]士家宝玩。

硯侧阴文印：蕉林[25]收藏。

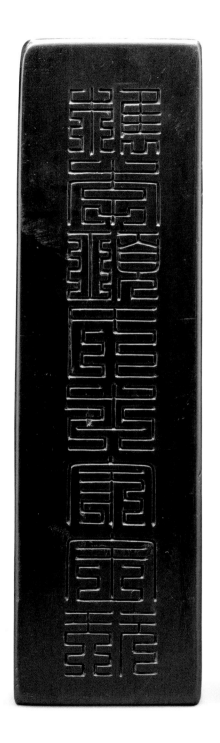

此硯竹繞石邊工良上方
有銘詳叔及印識
應是周侍家物
石晉碑計真
靖二十行字
剝缺不可數
高八尺濶三天
在許州南三
十里樊城鎮
獻帝廟東側為
丙辰子春三月四日

周亮工識

端石残碑砚

长 24.8、宽 16.4、高 5.2 厘米

　　砚额铭：此残碑砚石美工良，上方有铭详款及印识，应是周侍家物。右晋碑计真迹二十一行，字剥缺不可数。高八尺，阔三尺，在许州南三十里樊城镇献帝庙东侧南向。庚子春三月四日，周亮工[26]藏。

　　砚侧铭一：动以静用，坚以温全。含文宣质，君子有焉。东海居士。

　　砚侧铭二：清和朗润。九峰霖。兰台德氏珍玩。

　　阴文印：酒仙[27]藏研。

　　古碑残瓦自古为中华文人所宝，此砚以断碑入砚，虽残犹珍。砚作板式，砚额铭刻砚石来历，砚背留断碑原文。其石质细密滋润，石品佳，可见金线火捺，气息古雅端庄。

端石砚砖

长 27.8、宽 17.1、高 5.2 厘米

砚盖铭：一片端溪石，天生质皎然。光芒池内蓄，膏泽墨中传。磨涅终如玉，孤寒好作田。千秋原可托，著尽典坟篇。乾隆乙酉（1765 年）春日，涧泉[23]书。

阳文印：涧泉。

砚侧铭一：玉带生端人也，事文丞相为文墨宾，为之歌曰：神工善琢石，割玉成文章。因重忠诚士，芳名千古扬。遗石供文用，灵威列庙廊。虽云小技艺，因人重若璋。于今千载留，物在人茫茫。追思昔日事，睹石便惶惶。天地钟灵秀，斯砚永垂芳。义门何焯[29]敬书。

砚侧铭二：绝世奇珍，采自丹窌。紫气重重，青花灼灼。上溯邃初，先民有作。鸟迹龙文，考据凿凿。芳初[30]铭。

玉帶生端人也事文丞相為之歌曰神三善琢石割玉成

文章因重忠誠士芳名千古揚遺石供文用靈威列廟廊雖云忠

技藝因人重若瑾于今千載留物在人焉追思昔日事覩石

便惶惶天地鍾靈秀斯硯永垂芳

義門何焯敬書

絕世高珍探自丹穴靈紫氣騰

高花物上潮邃初先民有作

魯跡龍文若撲鑿吳初錦

端石"门"字长方砚

长 25.3、宽 17.8、高 3.6 厘米

砚盖铭：安溪写经砚，澹堪[31]属北楼[32]篆。

砚底铭一：不菑不畬，如玉如瑶。直方以大，占坤六二之爻。君子居之，可以驱烟墨，挥云豪。赓卷阿之歌咏，奏虞廷之箫韶。康熙庚辰（1700 年）春，安溪学易人李光地[33]铭于澄怀园之退食轩。

砚底铭二：文贞遗研为吾友成澹庵所得，顷来翠微山斋出视属题，怃然见当时明良之盛也。辛酉（1921 年）六月二日闽陈宝琛[34]。

砚底铭三：望溪以礼，安溪以易，均熙朝之礼臣，亦吾师也。沧桑以后而安溪遗研，使余题识于西山荒寺中。呜呼，吾不能无念于玉带生也。后学林纾识。

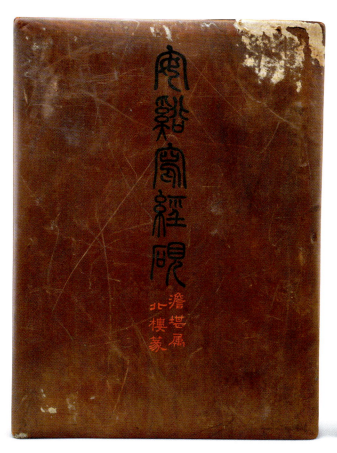

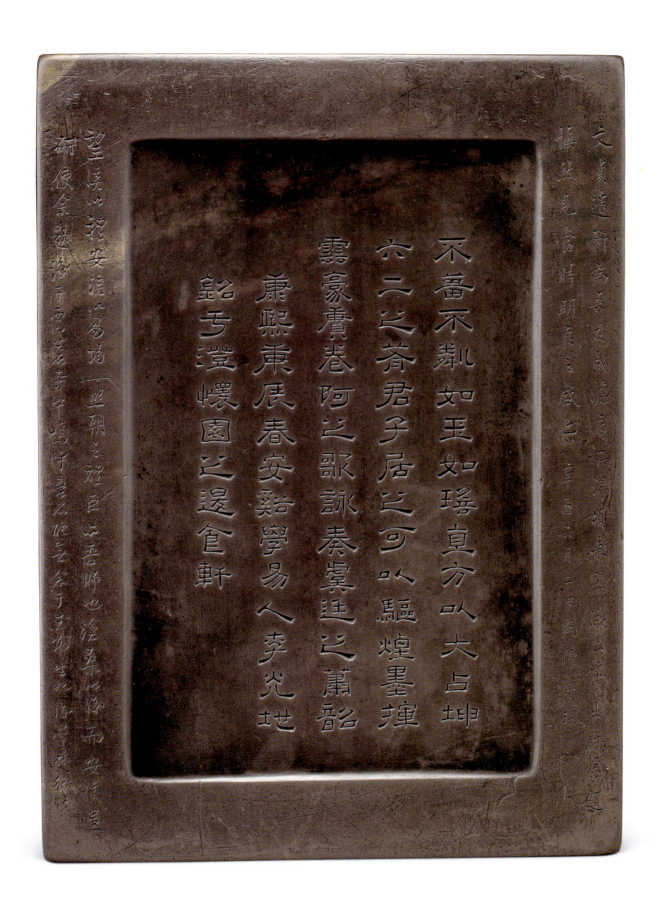

澄泥瓦形大砚

长 25.3、宽 16.2、高 4 厘米

砚额铭：香姜逊润，铜雀媲精。

阴文印：萝轩真赏。

砚面铭：显仁藏用，沈廖[35]书。

阴文印：臣廖、籁阁居士。

砚底铭：甄陶石髓范山精，润净相食舒元英，漫数旗人资裁成，用锡即墨烟云生，玉兆瓦兆胥利贞。上虞徐咸清[36]铭。

阴文印：徐咸清印、嵇山仲山、博学宏词。

砚侧铭一：式玉式金。

砚侧铭二：邺台世竞珍，率以赝为真。曷若兹广润，挥展万家春。康熙庚申（1680 年）四明万斯同[35]题于金台旅次。

阴文印：斯同、季野氏。

054

端石淌池砚

长 21、宽 13.3、高 4.4 厘米

砚底铭：笠泉⑧焦太史散馆濒行，持赠此砚，以为中山旧珍矣。及询笠泉乃知宋学博铁荃⑨所贻，乃万小坡先生故物也，由宋而焦终归于余。信所谓翰墨之缘乎？爰题数语志其缘起乃尔。汝枫枫宸跋。

砚侧铭一：笠泉学书砚。甲午秋日铁荃先生特赠一砚，敢不宝之，求益主人题。

砚侧铭二：厚重寡言，温润而栗，任雕龙绣虎之才，含毫渺然悉从此出。甲午冬日柳泉⑩题识。

端石方池砚

长 17.1、宽 12.3、高 3.9 厘米

砚额铭：寿友。

砚底铭：郭纯曾谓苦书乐画，若得佳砚，作画尤乐书亦无所苦，予于斯研信然。康熙丁丑（1697年）闰三月庚寅，韦斋[41]铭。

阴文印：吴祖谦印、韦斋。

砚侧铭一：流泉书屋藏。

砚侧铭二：岩之下，才可供，砭砭然，乐待价。拙庵[42]。

阴文印：麟。

端石雕螭龙边长方砚

长21.9、宽14.4、高3厘米

砚底铭：作端溪尤物，抱玉德深潜。其耐久也，算不能夺；其居默也，世不得觇。忽元云之霆霹，吐玉液以濡沾。声名寄蚪蚪，纵横见黄炎。孔子云，用之则行，舍之则藏，吾于尔乎是占。时康熙戊戌（1718年）秋日，紫薇内使。

阴文印：林。

阳文印：佶[43]。

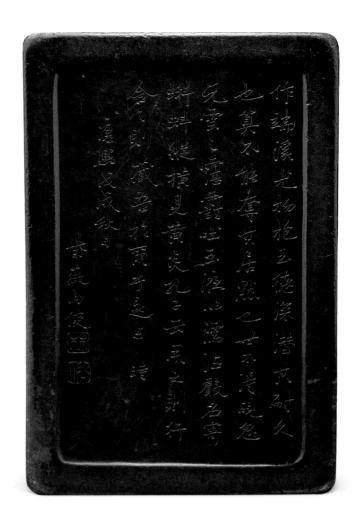

端石雕螭龙砚

长 18、宽 11.8、高 2.6 厘米

砚底铭：洞有石工则度之，美如英匠斯削焉。得诸他山可攻错，安诸几席龙文烁。只待一朝风雨作，放开头角游寥廓。匋。

砚侧铭一：玉德金声。

阴文印：曾在李鹿山处。

砚侧铭二：白叶青花出水鲜，羚羊峡口晚生烟。紫云一片刚如掌，染得山阴九万笺。沧门[14]。

阴文印：汉、禹。

澄泥圆池砚

长 19、宽 12.8、高 4.1 厘米

砚侧铭：内坚外润，形端表正。石其体，金其声，玉其性。墨舞笔歌，终莫污其洁净。古梅瓣香。

阴文印：道、承[45]。

砚为澄泥质，质地坚细，长方形制，色如蟹壳青。砚池圆形深挖，砚边与砚池饰弦纹，起线挺拔利落。砚背开覆手，光素无纹饰。

端石辟雍池随形砚

长 21、宽 17.6、高 4.4 厘米

砚盖铭：相期努力耕，先公后私计。君莫
石田嫌，留取商周制。芳初题。

阴文印：余、旬。

砚底铭：匪仙匪儒，其形则癯。宜丘壑居，
带经而锄。十研老人自识。

阴文印：黄氏珍藏。

刻人物黄石长方砚

长 14.9、宽 9.5、高 2.9 厘米

砚底铭：曝书亭主人六十有五，康熙癸酉（1693 年）八月，竹垞⑦叟自题。

砚侧铭一：渔洋⑧所贻，竹垞宝之。

砚侧铭二：而德之温，而理之醇，而守之坚，虽磨之不磷，以葆其贞。秀水竹垞叟题。

阳文印：竹垞。

曝書亭主人六十有五

康熙癸酉八月竹垞叟自題

端石雕龙长方砚

长 21.8、宽 14.8、高 2.3 厘米

砚底铭：青花白叶蔚蓝天，古璞新铭小篆镌。每日摩掌三两遍，与君上下百千年。含潮细腻呵能滴，聚沈淋漓啜亦鲜。记在端江夸管领，冰厅水洞冷溅溅。康熙己亥（1719年）十月既望，句赠鹿原先生，即请法篆书于砚阴，因题并志于紫藤书屋，莘田黄任。

阴文印：黄、任。

砚侧铭：青溪白石水云乡，古处都应染古香。好共镌花题小字，第三神女玉卮娘。鹿原仿隶。

阴文印：吉人。

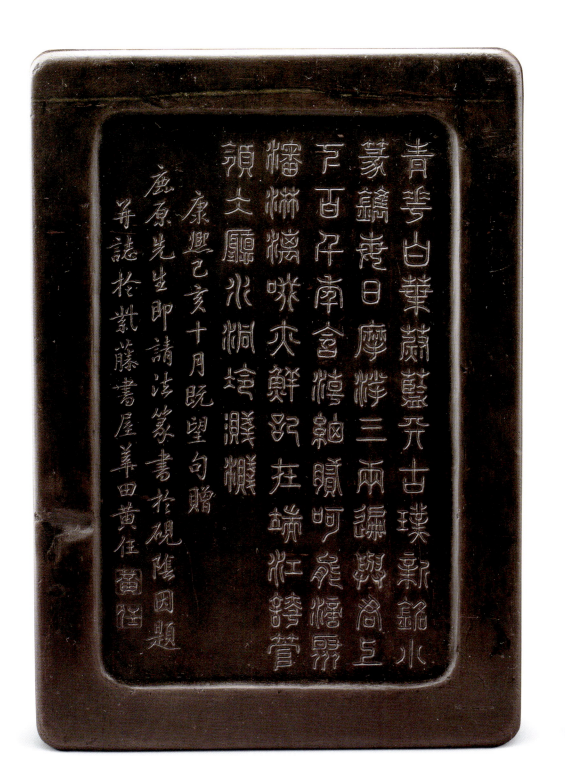

青芊白華萋藍芃古璞新鉐水
篆鱗老日摩游三兩遍與谷旦
尸百仔南含潨釉賦呵龥潯界
櫤淵漦哢尖鮮訏左端江跨管
領大廳水洞垞溦懺

康熙己亥十月既望句贈
鹿原先生即請法篆書於硯陰因題
芓誌於凱藤書屋芊田黃任 〔印〕

青黏白石水雲鄉古霂都廳染古香好其鍇
芋題小字芊弍神女盉厄孃 鹿原仿隸薁

端石方池随形砚

长 22.1、宽 19.2、高 2.8 厘米

砚边铭：非君美无度，孰为劳寸心。康熙己亥（1719 年）六月，任。

阴文印：黄、任、莘田真赏、十砚轩图书、香生珍藏。

砚底铭一：兹焉是宝。

砚底铭二：不方不圆，不雕不琢。略事磨砻，德修周觉。如金在冶，如玉离璞。端州多才此超卓，晤言一室君子乐。甸。

阴文印：田生。

砚为端石质地，清康熙时期制。随形而制，四周留部分石皮，显出天然之气。砚池为长方形，四周雕刻螭纹，彰显古朴庄重。砚堂呈椭圆形。

端石镜形砚

直径 16.5、高 2 厘米

砚边铭：黑水西河，惟端州，厥田上上，厥赋中下，厥贡词赋翰墨，璆琳琅玕，导明水至于积墨，导墨水至于管城，文教讫于四海，用锡元璧，告厥成功。袁枚仿《禹贡》作铭。

砚底铭：石与之形，全与之貌。如玉如莹，亦玄亦妙。十二龙宾，借君作照，子才 [41] 铭。

端石砚砖

长 18.2、宽 11.2、高 4.2 厘米

砚底铭：乾隆丙午（1786 年）凉秋月仿龙眠居士法，
罗聘㉚敬摹。
阳文印：两峰。

雕云海端砚

长 16.9、宽 11.8、高 2.2 厘米

砚底铭：老阜左手作。

阳文印：凤[51]。

此砚以端砚为质，工艺精湛，气韵不凡。砚额雕刻祥云，砚背勾勒重峦叠嶂、林木葱茏、高山流水之景，疏朗壮阔。左下方一只老虎昂首挺胸，神态悠闲。在中国传统文化中，虎被视为勇敢、威武的象征，代表着力量和权威。此砚材质佳、工艺精、审美高，更兼实用价值，为文房难得精品。

端石海天旭日砚

长 18.5、宽 22.5、高 2.6 厘米

　　砚底铭：海波茫茫旭日生，研工取象图为形。隃糜磨汁倾数升，顷刻风云上管城，可以驾浪游蓬瀛。彭元瑞[①]铭。

　　阴文印：元瑞。

　　砚池为圆形，犹如一轮红日，砚池周围雕刻云海波涛，雕工精美，具有典型海天旭日砚特征，背部刻有彭元瑞款铭文，具有赏玩价值。

端石凤池砚

长 17.6、宽 14.5、高 2 厘米

砚底铭：蜉蚍别苑，时小渔猎。作游戏文，资矫捷。乾隆戊午（1738 年），南阜左笔书刻之。

砚身呈"凤"字形，触之细腻如玉，无突出纹饰，背面刻有南阜款铭文，简洁大方。

端石"凤"字砚

长 10.1、宽 9.8、高 1.2 厘米

砚盖铭：端洞之英，如玉之灵。子孙宝用，金石成名。阮氏云台[53]题。

砚底铭：凌空舒卷，旱则为霖。流行自在，出岫无心。丁巳（1917年）荷月上浣。正甫[54]。

砚侧铭：丙辰三月琴鹤堂珍玩。

砚作"凤"字形，顺水池，制作简洁大方典雅。石色灰紫，石质细密、幼嫩。

天地三才硯宜寶玩

淺流舒峯岫則
為霖流行自在
出岫無心
丁巳荷月上浣
正甫

端石箕池砚

长 14.6、宽 10.9、高 2.6 厘米

砚底铭一：擘经室著经研，道光四年（1824 年）置于珠江节署，伯元记。

阳文印：阮元之印。

砚底铭二：己未三逢举俊良，两朝鸿博姓名扬。春官桃李斯为盛，我亦孙枝一瓣香。

阳文印：杨以增[55]印。

砚底侧铭：海原阁藏。

阳文印：杨以增印。

内衬纸题一：阮文达公著经研。质坚色青，柔嫩如肌，青花隐隐，冰纹缕缕，温而泽，沉而密，为大西洞三层石，洵绝品也。阮文达公文章政绩，功在国家，而公车所至，尤竭力提倡风雅。督粤时曾以重价求得大西洞旧石数片，倩工精制为研，皆仿宋式，并自题铭，此即其一耳。悟非漫识。

阴文印：悟非居士。

内衬纸题二：擘经室为阮文达公著经之所，杨以增即北方藏书最富之海源阁主人，与公为师生，契谊极深，故公生平所宝多归杨氏藏弆。读其题诗可知也。丙子秋九月得于聊城傅氏家，因识数语以志岁月。悟非居士记。

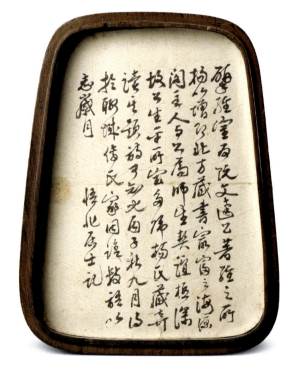

孴經室著經研

道光四年置於珠江節署

伯元記 □

已未三逢舉偓良
兩朝鴻博姓名揚春官桃李斯為
盛我六孫技一瓣香

□

海原閣藏

端石带眼雕云砚

长 16.6、宽 10.3、高 2.2 厘米

　　砚底铭：看若云虚，呵如露流。书之篇牍以千秋。流芳。

　　砚侧铭一：史贻直[56]、裘曰修[57]、杭世骏[58]、观保[59]同观。

　　阴文印：正父收藏。

　　砚侧铭二：翁山。

　　砚长方形，形制规整，右上方有鸲鹆眼四颗，翠绿带睛。砚面有大片青花鱼脑冻。

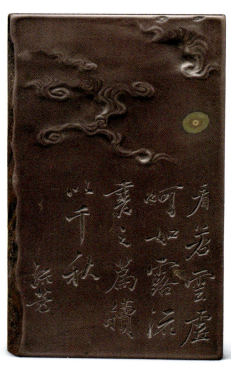

端石"门"字砚

长 12.4、宽 8.9、高 1.6 厘米

砚底铭：玉出光，精且良。抱朴而守方。池
月渐东上，吟到梅花句亦香。东海老兄属题，阮元。
阴文印：伯元。
砚侧铭：刘东海画梅研。
阴文印：臣曙。
砚长方形，砚面开"门"字形砚堂，上端深
凹成墨池，四周起边框。砚背开长方形覆手，填
全篆书砚铭。

端石雕牛长方砚

长 24.2、宽 15.8、高 5.3 厘米

砚底铭：端州羚羊峡产石，自李唐来，取为砚材，分东坑西坑。产于西坑者尤精，青花、蕉白、鱼脑、鹧鸪眼、金线、冰纹又其最精者也。余素有砚癖，先是家藏一二方辄自珍，而誉者半，笑者半。嘉庆癸亥（1803年）春自雷阳来权肇篆，因得于公暇购西坑之精石，集匠而琢成之。夫物聚于所好，今获于砚之所聚而聚之，余幸砚耶？砚幸余耶？昔包孝肃[①]守端州，不持一砚；王慈不取宝而取砚，义恭善之。将使后之论者谓余之性，不似包而似王，亦快论也。且余复以所好者公诸同好，在以砚为田、以笔为耕者，谓余之好，砚究竟居何等也，于是乎记。

阴文印：与古、为徒。

砚侧铭：嘉庆八年（1803年）岁次癸亥初秋上浣，坦园五泰书于肇庆府署之晚香堂。

端石"井"字方砚

....

长 14、宽 14、高 2.9 厘米

砚底铭：获田虽曰石，井养而不穷。耕之惟以笔，岁岁庆年丰。丁巳（1797年）仲夏，桂亭广玉[61]。

阴文印：石田、永年。

端石，砚面呈正方形，砚堂平展开阔，四周起线形制规整，砚背高浮雕作"井"字纹。整体造型敦实厚重，颇似端方正直之士，亦如博大雄浑之章，沉稳凝练，毫无轻浮单薄之感。砚质坚实致密，古意盎然，尤堪赏玩。

端石随形砚

长 16.7、宽 10.4、高 1.6 厘米

砚底铭：端溪砚以大西洞之广坑、秦坑为最佳。王父蕙堂公尹新安时，与肇庆府太守广玉同开西洞老坑，太守勒石记其事，计金分石，得砚千余方，当世称为上品。嘉庆辛酉（1801 年），家遭回禄，砚石皆成灰烬，此砚系奁赠姑母吴太宜人四方之一，以蕙堂公所爱畀余珍藏，用志始末，并录广太守碑文以示子孙世守云。世华志。

内衬纸题：羚羊峡之东一溪长里许，广不盈丈，是为端溪。自溪口北行三十步，一穴在山下，乃水岩口也。口极狭，才通人匍匐入。至六七丈为正坑，从正坑右转深入约八十丈，为大西洞，又右转数丈为小西洞。大西洞者，较诸洞入水最深，产石最佳，小西洞次之，前采石者皆不能至焉，工贵重也。洞中水渊停不竭，以罂鱼贯列坐传出之。稍涸乃可下凿，东坡所谓千夫堰水，挽绠汲深，篝火下缒，百夫运斤而得之者。盖一卷之多，实与蛟螭争于水府。宜若斯之难也。凡取石，皆始秋暮，终春初。随江潮长落也。是役也，以丙辰（1796 年）八月二十七日鸠工取水，以十一月十九日水尽取石，明年丁巳（1797 年）二月二十日水长封坑，共得大西洞石六千块有奇，小西洞石约千块，凡日用匠百人。用工万七千有奇。匠日给钱百二十，变从前以石抵工例者，爱石也。其赀合同僚酿金成之。其石以入金之数均分焉。余守官兹土，司兹役，工竣记其事。大清嘉庆二年（1797 年）二月二十一日，肇庆府知府广玉记，世华录。

此砚随璞而作，得自然之形，砚面起棱，合围成砚堂，墨池浅凹，打磨精致，彰显了自然与人工之美。

端溪硯以大西洞之廣坑秦坑
為最佳王父蕙堂公尹新安時與肇慶府太守
廣王同開西洞老坑太守勒石記其事計金分石
得硯千餘方當世稱為上品嘉慶辛酉家遭回祿
硯石皆成灰燼此硯係厄贈姑母吳太宜人四方
之一以蕙堂公所愛畀余弥藏用誌始末并錄
廣太守碑文以示子孫世守云
世華誌

鵠奔峽之東一溪長里許廣不盈丈是為
端溪白溪口北行三十步一穴山下迤巖口也口極
西洞又石轉數丈為小西洞大西洞者較諸洞入水最深產石最佳小西洞火
前採石者皆不能至焉宜
可下鑿東坡所謂千夫挽絙汲深篝火下縋百夫運斤而得之者蓋一卷之
多實與蛟蚓爭放水府若斯之難也凡取石皆始秋暮終春初隨江潮長落也是
歲也以丙辰八月二十七日鳩工取水以十一月十九日水盡取石明年丁巳二月
十日水長封坑共得大西洞石六千塊有奇小西洞石約千塊凡日用匠百人用
萬七千有奇匠日給錢百二十變從前以石抵工例者愛石也其費合同僚釀
成之其石以入金之數均分焉余守官兹土司兹役工竣記其事
大肯嘉慶二年二月二十一日肇慶府知府廣玉記
世華錄

083

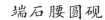

端石腰圆砚

长 14.6、宽 12.4、高 2.9 厘米

砚侧铭：嘉庆甲子（1804 年）奉使岭南
所得，苇仁①。

端石腰圆砚，选材厚实，石质细腻莹润，
砚堂边沿规整，背光素。整体造型洗练简洁。

端石桐月长方砚

长 16.8、宽 10.1、高 2 厘米

砚底铭：石友石友，端方浑厚。磨而不磷，静而主寿。品呈两洞之珍，名列四文之首。石兮石兮缔至交，亓子子孙孙于万斯年，砚田世守，以垂永久。嘉庆元年（1796 年）秋七月既望，铭于小红鹅馆中，姚元之[1]。

阳文印：元之。

翁大年铭瓦砚

长 12.6、宽 7.4、高 1.9 厘米

砚底铭：沧浪劫灰瓦研。此瓦六舟上人于沧浪亭掘井而得，子梅道兄志其古朴，琢研属题，翁大年[61]。

砚侧铭：沧浪僧六舟赠瓦。历万劫，今者供。琢之磨之，志非求食，王鸿铭砚，书者孔秀珊[65]，铭者朱眉州。

瓦是一种用泥土烧制而成的古老建筑材料。此方砚以瓦制成，整体为长方形，砚池为椭圆形，砚面有绳纹。

砚面的绳纹本是因工艺原因遗留的（为避免坯体粘连模具，也为了方便脱坯，所以在模具表面用草绳或麻绳缠绕），但无意中这绳纹增大了摩擦力，使瓦可以更好地附着在屋顶上。除了实用功能，排列有序的绳纹还产生了较好的装饰效果。

端石方池砚

长 14.7、宽 11.5、高 2.5 厘米

砚底铭：旧样窊铜雀，新香沈玉螺。顽性真如石，生涯却是田。玉纽铬俱古，铜台篆最工。龙尾珍三品，犀纹晕一涡。著书忘岁月，为质绝缁磷。石交诸老辈，璧友古遗民。庚申（1800 年）冬月，张燕昌⑯。

阴文印：张燕昌印。

砚侧铭：端方平正，赖汝助予。咸丰辛亥（1851 年）春日行有恒堂主人⑰题。

砚台正面无纹饰，砚背刻张燕昌款铭文，侧面刻有行有恒堂主人题款铭文，色彩柔和，纹路细密，素净典雅。

端石 箕形砚

长 15.7、宽 10、高 2.2 厘米

砚额铭：西洞精英。

砚底铭：文房佳友，翰墨因缘。道光丙申（1836年）孟夏，竹叶亭生姚元之题。

砚长方，敦厚，随形。此砚石质细腻温润，是西洞中的上品。

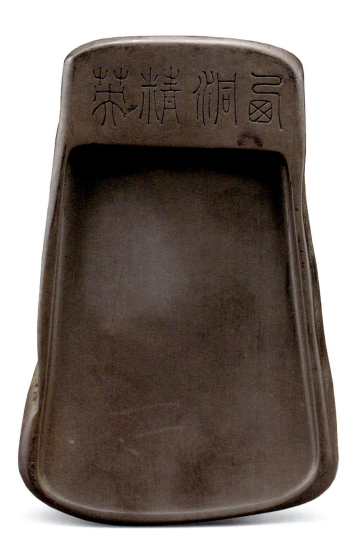

端石雕螭龙"门"字砚

长 24.1、宽 16.1、高 4.5 厘米

砚底铭：道光十八年（1838 年）春，于京华晓市遇此旧研，审其质理非常，镌题可爱，因购归。试之细润发墨，尽美尽善，诚端石中珍品，边幅微损，庸何伤。疋堂识。

阳文印：柳彬之印。

阴文印：己酉选拔。

砚侧铭一：琳腴文宝。

阴文印：十二砚斋。

砚侧铭二：蕉纹绉白，金线紫黄。鸲眼映皋，马肝生光。惟割云之神巧，成守墨之精良。玉方题。

091

端石"门"字砚

长 15.9、宽 10.3、高 2.1 厘米

砚底铭：摩挲片石认前朝，历尽沧桑品自高。留得坚贞风骨在，余年相共砺颓毫。庚子（1960年）秋，见此砚于成都市上，杂诸旧物中，尘封垢积，文采尽湮，购归磨洗辨之，盖明坑端也。历劫几许，乃归于余，顾余已衰暮之年矣，且亦不文，得无有负斯砚欤？其年[①]漫题并志。

阳文印：彭其年印。

阴文印：吟香外史。

砚侧铭一：其年彭兄得此研，与余旧有明陈涉江丹衷宝研，坑石质色并同，世不多见也。施孝长[②]记。

砚侧铭二：伴我书千卷。

阴文印：老彭。

摩挲片石認前朝歷盡滄桑品自高
得堅貞風骨在餘年相共礪頹毫
庚子秋見此硯於成都市上雜諸舊物中
塵封垢積文彩盡湮購歸磨洗辨之蓋
明坑端也歷劫幾許乃歸於余顧余邑衰暮
之年矣且不文得無有負斯硯歟
其年漫題并誌

伊秀文子堂

界丰彭兄得邸硯與余舊身齣牌港江曰惠
寶硯坑石質釜然高世不可見兄施孝長記

093

歙石井田砚

长 13.9、宽 10、高 2.6 厘米

砚盖铭：井田砚。同治癸亥（1863 年）得于京德胜门北郊田垄中，还读轩主人记。

砚额铭：谷宝攸关庶民赖。

砚边铭：臣康绍镛[①] 敬书。

该砚为歙石质，石质细腻，石品上乘。砚身之上遍布金星。歙石产龙尾山。宋人洪适《款砚说》记载："龙尾石多产于水中，故极温润。性本坚密，叩之其声清越，宛若玉振，与他石不同。"

此砚造型考究，庄重素雅。周边凸起出栏，勾勒出"井"字轮廓，砚堂处可见浅浮雕"井"字格，砚池为涡池。砚背后阴刻"井"字纹饰。砚匣由红木整挖，砚平卧其中，

094

盖上有题字，并有藏者印章刻于其上，因字迹斑驳该藏者信息已不可考。

康氏一族在乾嘉时期以科第起家于寒微，成为"一门四进士"的显赫家族，以诗书传家，其中康绍镛一支刻书最有成就，其家塾刊成《古文辞类纂》《七十家赋钞》《骈体文钞》等文学选本，对后世产生了重要的影响[2]。《清史稿》中记载康绍镛："（嘉庆）十九年，出为安徽布政使。值大水，被灾者四十余州县，仓谷缺乏，库储不给，劝绅商输赀各恤其乡，与官赈并举，灾民赖之。"[3]其施政之举正可与此井田砚制式与铭文相互印证，赏此砚可感康绍镛彼时心境。

端石长方福禄寿砚

长 25.7、宽 17.1、高 2.1 厘米

　　砚底铭：西洞青花，珍藏什袭，昔家姑丈庆云陈军门督师齐鲁，公余之暇，雅善文墨，藏砚甚富，余见而慕之，蒙以此砚见遗，如获至宝。今春余友邱观察省三过我偶谈，适见斯砚陈设案头，赞赏弗置，遂不惜以长者之赐转赠邱公。砚石非顽，当自幸物逢其主矣。爰弁数言以留鸿爪。辛亥上巳日，锡山尤静芝题记。

　　阴文印：子飞氏刻。

　　砚边铭：延年益寿。

　　砚侧阳文印：邱氏省三珍藏。

西洞黃花綠藏竹龍眷家松大慶官陳軍以
督師奇魯公錄之暇濯善之室福硯左圖
余見而慕之蒙以此硯見惠水濊至寶宜
喬為友邱觀窯省三邑莊偏設通見影硯
伍沒要充器貧弗置惡不情以長者之賜錯贈
邱流硯不非禎窩窩自章物逢見其長兵
數言以曾鴻爪
辛亥上己日錫之尤靜坐題記

端石钟纹长方砚

长 26、宽 17.7、高 3.6 厘米

砚底铭：余为书生时，性酣端研，历见颇多，求其善者殊鲜。迨辛酉典试粤东，稔知岩石为肇庆所自出也。公暇之余，获数方，皆瑜不掩瑕，心窃异之。适庄君赠石一方，甚惬素心。细玩之，蕉白纯质，眼晕澄明，其柔如脂，其光如璧，世称中洞之异产不是过也。爰记其略云。笋湄㉑识。

阴文印：陈大玠印。

砚侧阴文印：笋溪台谏翰墨之宝。

端石砚砖

长 22.3、宽 14.8、高 2.4 厘米

　　砚侧铭：光绪己丑（1889 年）嘉平采石，庚寅（1890
年）五月琢成，启寿[⑤]记。

　　此砚为老坑材质，上有青花、金线、火捺、冰纹，为
难得之老坑佳砚。

端石蕉叶随形砚

长 24、宽 13.5、高 1.8 厘米

砚底铭：双砚籍制，辛卯清明，启寿。

此砚端石质地，随形雕刻，四周留有部分石皮，砚面呈对称之势雕刻蕉叶纹。砚额有一眼，品质佳。砚背冰纹明显，局部有胭脂晕。

邱启寿及其藏砚

郝佳雯

汉代刘熙《释名》有道："砚者研也，可研墨使之濡也。"而随着砚台在文人阶层的逐渐流行，砚已不仅是文房必备的用具，赏砚、藏砚、刻砚之风日益盛行。历代制砚者及藏砚者们于砚田之上镂石作书，寄托情怀，谓之"砚铭"。这些"砚铭"的内容，或是镌刻自己的名号及砚台的名称，或是记录该砚的来源，或是对砚的开采、材质与形制加以描写和赞颂，或是摘录一些诗词名句，又或是表达出镌刻者的一些认知与感悟。

在北京市文物交流中心收藏的砚台之中，有两方石质与石品俱佳的端砚，通过对其砚铭的释读与整理，我们发现，其上都刻有"启寿"字款，系晚清邱启寿旧藏。关于邱启寿的文献记载较少，仅可知其为清代晚期奉天襄平（今辽宁辽阳）人，其名典籍不传。根据《清张之洞为开采砚石以备贡品事碑》碑文"除札委通判启寿前往肇庆，会同府县查照，札行事理，暨黏沙章程出示晓谕暂行开采"，知其曾任通判，辅助知府政务。该石碑为晚清名臣张之洞为开采砚石所立，刻于清光绪十五年（1889 年），碑高 130、宽 83 厘米，1984 年建碑亭进行保护（图 1）。

清朝光绪年间，张之洞出任两广总督，总管今广东和广西两地的军民政务。在当时，其管辖范围内广东肇庆的端砚，与安徽歙县的歙砚、甘肃卓尼的洮河砚、山西绛县的澄泥砚并称为中国"四大名砚"。自宋代开始，端砚成为朝廷贡品，砚石的开采受到了严格的控制，一些出产优质砚石的名坑，如水岩老坑、坑仔岩等，是端砚众坑中的佼佼者，爱砚者莫不宝之，因而为官府所垄断，派官员守坑，甚至太监亲自监督开坑。官府对端砚名坑的垄断，促使优质端砚的产量稀少，日显尊贵。清初，官府曾解除了所有的砚坑禁令，砚石开采一度繁荣。然而道光后期，老坑再度被禁采。

值得一提的是，张之洞一生爱砚藏砚，少年时写过《龙溪砚记》，以砚自喻，谈选人用人。并铭："顽石非灵，灵因其人，得一知己，千古嶙峋。"在其任两广总督时，对端砚石的开采及刻制都极为重视，给予支持和保护，并亲自批准和支持当地砚工重新开采老坑砚石。其为开采砚石所立石碑题"两广总督部堂兼署广东巡抚部院张，为开采砚石以备贡品事案"；落款为"光绪十五年八月二十三日札"。碑文从右到左竖向以楷体阴刻 25 行，每行 4 至 54 字不等，共 1172 字，告示两广总督兼广东巡抚张之洞为平息争讼，解除道光后对羚羊峡砚坑的封禁，核准石匠开采砚石以备贡品，修改采石章程，明令各级官吏衙役不得敲诈勒索、私受一砚一钱等条例。在有文献记载的史料当中，这是近代以来最后一次有计划、有组织、大规模的老坑采石工程，时间距今已

图 1　清张之洞为开采砚石以备贡品事碑拓片

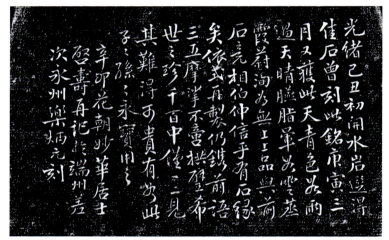

图 2 《端溪砚史》扉页钤印　　　　图 3 清光绪辛卯年（1891 年）邱启寿铭乐炳元刻端砚板，上海博物馆藏

有一百余年。张之洞所批准的这次开坑，被称为"张坑"，所产砚石石质精美，被奉为神品。"张坑"的开采，对晚清端砚的发展起到了至关重要的作用。

广东省博物馆藏有一册道光十七年（1837 年）版《端溪砚史》，在其扉页上，钤有"研务官"朱文长方印及"邱启寿庚寅年亲到水岩采石制研"朱文长方印（图 2），庚寅为光绪十六年，即 1890 年。如上文所述，邱启寿在《清张之洞为开采砚石以备贡品事碑》中记作"官通判"，而其治印作"砚务官"，可见"砚务官"之职，乃是张之洞首设，邱启寿即为第一位专职砚务官①。光绪年间，张之洞首设砚务官一职。邱启寿作为首任专职砚务官，前往肇庆，会同府县查照，并于庚寅年亲到水岩采石制研，是实施"张坑"贡砚的开采与制作的重要人物。

上海博物馆藏有一方光绪辛卯年（1891 年）邱启寿铭乐炳元刻端砚板（图 3），其上的砚铭就记载了光绪己丑年（1889 年）初，其开水岩得老坑佳石的经过，并且对砚质大加赞赏。砚背行书铭："光绪己丑初，开水岩选得佳石，曾刻此铭。庚寅（1890 年）三月，又获此，天青色如雨过天晴，胭脂晕如云蒸霞蔚。洵为无上上品。与前石竟相伯仲，信乎有石缘矣。依式再制，仍镌前语。三五摩挲，不啻拱璧，希世之珍，千百中仅一二见，其难得可贵有如此，子子孙孙永宝用之。辛卯花朝妙华居士启寿再记于端州差次，永州乐炳元刻。"砚首刻隶书铭："磨不磷，钻弥坚。侯封即墨，火色鸢肩，亦方亦圆得天全。噫嘻！皮相者乌知子之贤。"砚右侧有"水品石奇品启寿所藏"篆书阴文印和"子孙世守"篆书阳文印。可见，他在砚务官任上定得到了不少的佳石与佳砚。此外，虽无明确记载，但根据此砚铭可知，直至1891年间，其仍为当地的砚务官。

北京市文物交流中心现藏两方"启寿"款端砚。其一为一方端石砚砖（图见第100页），砚侧刻款："光绪己丑嘉平采石，庚寅五月琢成，启寿记。"根据砚铭可知，此砚石正是1889年，即张之洞批准重新开采老坑砚石初年的腊月采得的，并在半年后被制成了砚砖，为邱启寿所收藏。此砚石属老坑之上品，石色天青微紫，有金线、银线、冰纹、火捺、鱼脑冻、青花和蕉叶白等名贵石品，细腻纯洁，呵气生云，触手成雾。砚身整体呈长方形，并配有红木砚盒。

另一方端石蕉叶随形砚（图见第102页），砚铭："双砚簃制，辛卯清明，启寿。"应亦为邱启寿在肇庆任砚务官时所得之老坑佳砚。该砚由子石随形雕刻而成，四周留有部分石皮，砚面左上及右下两对角琢蕉叶纹。砚额有一石眼，色翠绿，品质佳。砚背冰纹明显，局部有胭脂晕。砚身整体雕琢繁简得当，巧拙相宜，文人气息浓厚，实属砚之佳品。北京市文物交流中心所藏两方"启寿"款端砚，很好地体现出了"张坑"砚石石质之美以及首任砚务官邱启寿在砚台收藏方面的高雅品位。

（作者单位：北京市文物交流中心）

注 释

① 李遇春：《重论水岩与下岩》，《紫石凝英》，香港中文大学文物馆，1991年，第151页。

端石抄手砚

长 22.7、宽 14、高 6.1 厘米

砚侧铭：至静而德方，邦家之光。翕受敷施，俯焉日有孳孳。文震孟[21]。

阴文印：停云。

阳文印：震孟。

歙石荷蟹抄手砚

长 23、宽 14、高 3.5 厘米

砚侧铭：仲舒云，正其谊不谋亓（其）利，明其道不计亓（其）功。天启甲子（1624 年）坤升父识。

端石双鱼砚

长9.4、宽6.9、高1.2厘米

布盒题签：双鱼双妙，海棠书屋藏。

阴文印：君彦[77]。

阳文印：世襄。

砚侧铭：柳如是[78]说诗研。

雕鹅随形端砚

长 18.8、宽 12.7、高 3 厘米

    砚底铭：研池春暖，墨沈波淋。轻舒绿掌，换字山阴。
阳羡万树[21] 铭。

    阴文印：红、友。

飞凤流云端砚

长 13.6、宽 9.8、高 4.4 厘米

砚底铭：一寸干将切紫泥，专诸门巷日初西。如何轧轧鸣机手，割遍端州十里溪。辛丑（1721年）小春，莘田任。

阳文印：黄、任。

砚侧铭：吴门顾二娘[30]造。

天螺端砚

长 20.4、宽 12.3、高 5.1 厘米

 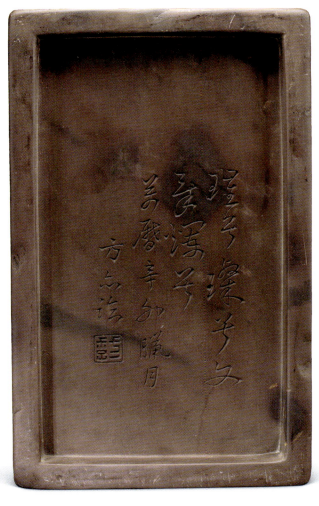

砚底铭：璀兮璨兮，文章烂兮。万历辛卯（1591 年）腊月，方亦临。

阴文印：方叔子。

砚侧铭一：端州紫岩石，温不留笔，滑不滞墨，肤腻如绢，质美如玉，性细润泽。雍正戊申（1728 年）秋八月百二研田富翁金农。

阳文印：寿门。

砚侧铭二：海宁陈文勤公藏古研二，辗转聚散皆归

余所得，一为宋泥研，上有"万顷沧波"四篆字，后为晓岚尚书持去。此天螺研，紫云片片，泉塘金冬心[①]先生颇为赏识，而研谱均论为正坑上品，润泽如玉，非他石所能及，惜此坑已绝，不复出石，故近年来世所罕见矣。时乾隆庚辰（1760 年）孟秋钱大昕[②]记。

阳文印：大昕。

阴文印：竹汀。

端州紫壤石溫不留筆滑不滯墨
膚膩如絹貞美如玉性細潤澤
雍正戊申秋八月百三研田富翁金農

海寧陳氏勤公藏古研上轍轉聚散皆歸余平得一扁察泥
研上有惠頃滄浹四篆字復爲曉嵐尚書持公此天螺研窊
雲光上泉塘金冬心先生類爲賞歎而研譜均論爲正坑上
品潤澤如玉非他石所能及惜此坑已絕不復出石故近罕
來此昕罕見美時乾隆庚辰孟秋錢大昕記

115

端石双螭随形砚

长 17.4、宽 12、高 5.7 厘米

砚底铭：一寸干将切紫泥，专诸门巷日初西。如何轧
轧鸣机手，割遍端州十里溪。康熙己亥（1719 年）六月，
傅玉露[83]。

砚侧阴文印：谷士赵在田[84]藏。

此砚端石质，随形雕刻。砚堂开阔呈圆月形。砚额雕
祥云，双螭穿行于祥云之间呈相对之势，双螭之间随形浅
挖砚池。砚底有铭。砚石质细腻，通体泛紫，石品上佳，
有胭脂、火捺、青花。

戈才千將切紫泥端諸阻
荅曰忽西卯何軋上鳴機
手戮遍端州十里溪
康熙己亥八月　傅玉霑

端石素池长方砚

长 15、宽 9.6、高 3.9 厘米

砚侧铭一：岸舫[35] 著书研，目天勒。

砚侧铭二：凌三山，憩五岳，沐日浴月百宝生，淬妃笑涌青莲萼。长白自铭。

砚长方形，砚面开斜通式砚堂，一端为宽深墨池。砚背开覆手。

端石"凤"字砚

长 17.6、宽 13.5、高 3.3 厘米

砚底铭：玉质冰肌理致精，锋芒都尽墨无声。相如间道还持去，肯要秦人十五城。宋蔡忠惠®句，馥书。

阴文印：鹿山。

澄泥菌子砚

长 10.4、宽 7、高 2 厘米

砚底阳文印：吴门顾二娘造。

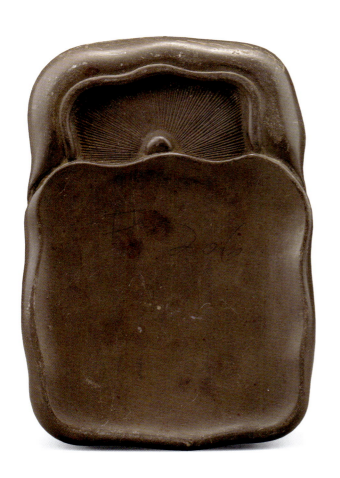

端石云月砚

长 15、宽 17.6、高 2.8 厘米

砚底铭：端溪璞玉夜珠色，探向骊龙颔下得。吴趋媚女女娲手，炼石如泥工剪刻。蚌形琢出月初圆，秋水澄江练一幅。案旁亦有玉蟾蜍，对此垂涎敢吞蚀。镂肝刻肾玉川子，笺奏天公枉费墨。何如研露写乌丝，翠袖佳人勤拂拭。壬寅（1722年）秋八月，雪邨居士[甲]。

阴文印：许均之印、雪邨。

砚侧铭：吴门顾二娘造。

此砚为上等端石所制，随形雕刻。正面四周雕云纹，中部砚池雕圆形，精细工巧，似祥云逐月，砚额部祥云间可见一眼。砚背面刻铭文内容为《全闽诗话》中诗句。此砚整体线条流畅极富美感，比例合宜，端正大雅，气质不俗。

端石随形砚

长15.8、宽20、高3.6厘米

砚盖铭和砚底铭：百丈之洞，青花涵水，尔以火成，亦作瑰紫。是知五行，各含其精，而惟人用之以为美。雍正乙卯（1735年）元日铭于维扬舟次，南村。

阳文印：西园。

百洿大
含福之
成水洞
亦愈青
伍玖玖
而珧玖
行

火炎
曼威
知其
以仁
又精
且而

各紫
人含
用其
出精
日而

惟
美
人
用
出
為
美

雍
正
仲
春
維
揚

子
次
有
古
銘
於
尾
石

端石随形砚

长 15.8、宽 12.6、高 2.8 厘米

砚底铭：旅于京，获兹石，用之适。缜不砺笔，润不燥墨。我后人，其守之，如拱璧。能用之毋惜，尚用之毋敦。雍正元年（1723 年）二月三日潜昭儒铭并书。虞潢⑱镌。

阴文印：潜昭最嗜。

砚侧铭：喷灵液，银河开。截昆璧，剖珠胎。遂初堂⑲铭。

旅於京獲茲石周之遠縝不礪筆
潤不燥墨我後人其守之如拱璧
能用之母惜尚用之母歇
雍正元年青二日澄舩鴈銘并書
虞濱鴈

端石凤池随形砚

长 12、宽 12.2、高 2.2 厘米

硯底铭一：食旧德，宝此田。事耕耨，无凶年。香谷主人铭。

硯底铭二：此吾友秋竹尊人香谷先生写经遗研也。先生手录《楞严》《法华》《金刚》数百缚，秋竹既宝藏之，复宝此研也。予故乐为之铭，铭曰：此一片心，此一片石，石可磨穿，心不磨灭。佛力无边，亲恩罔极，以俾后人，宝兹手泽。寓林后学黄树谷[1]并书。汪健堂珍藏。

此砚为端石子料制成，四周保留部分石皮。砚呈凤池，背刻铭文，记录此砚来历。

倉龕處廁土事畊穭
無山平 奇谷主人銘

此吾友秋竹尊人香岩先生寫經遺
硯也先生手錄楞嚴法華金剛數百
得秋竹既寶藏之復寶先研也予故
樂爲之銘曰此一片心此一片石可
磨平心不磨威佛力至邁親恩固
以律律後人賓客手澤
寫林後學黃橫秋題并畫

汪退宣珍藏

端石花果池砚

长 8.7、宽 6.5、高 2.4 厘米

砚底铭：宫袍袖里端溪润，鹭序班中古墨香。
莫笑一拳石太小，好同簪笔侍君王。曹秀先。
阳文印：秀先。
砚底边铭：花间眼界。
砚顶铭：笔锋摇五岳，墨浪涌三湘。

端石素池长方砚

长 18.8、宽 11.2、高 4.6 厘米

砚侧铭一：方厚正直，君子之德。左之右之，无偏无侧。金蛙[⑫]铭。

砚侧铭二：频罗庵主[⑬]真赏。

133

端石素池写经砚

长 4.4、宽 3.1、高 1.4 厘米

砚底铭：二泉居士写经研。

砚顶铭：叔弢[94]氏。

砚侧铭：外直以方，中虚而坦，学问
文章，利有攸佳。同治十二年（1873 年）
岁次癸酉春二月，怀宁方朔[95]铭。

二泉居士題硯

同治十三年歲次甲戌
春二月懷堂大翔銘

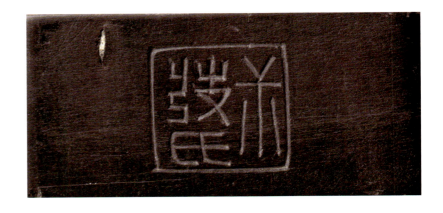

洮河石长方砚

长 20.1、宽 10.4、高 5.4 厘米

砚额铭：葛巾漉酒，丁卯冬月，小松。

阳文印：作。

砚底铭一：同治二年（1863 年）正月，陈朗山
学画。

阳文印：信。

砚底铭二：《桃花源记》（原文略）。同治二
年（1863 年）秋七月，朗山陈焜刻。

阴文印：陈焜。

砚顶铭：大乐斋。

晋太元中武陵人捕魚為業緣溪
行忘路之遠近忽逢桃花林夾岸
數百步中無雜樹芳草鮮美落英
繽紛漁人甚異之復前行欲窮其
林林盡水源便得一山山有小口
髣髴若有光便捨船從口入初極
狹纔通人復行數十步豁然開朗
土地平曠屋舍儼然有良田美池
桑竹之屬阡陌交通雞犬相聞其
中往來種作男女衣著悉如外人
黃髮垂髫並怡然自樂見漁人乃
大驚問所從來具答之便要還家
設酒殺雞作食村中聞有此人咸
來問訊自云先世避秦時亂率妻
子邑人來此絕境不復出焉遂與
外人間隔問今是何世乃不知有
漢無論魏晉此人一一為具言所
聞皆歎惋餘人各復延至其家皆
出酒食停數日辭去此中人語云
不足為外人道也既出得其船便
扶向路處處誌之及郡下詣太守
說如此太守即遣人隨其往尋向
所誌遂迷不復得路南陽劉子驥
高士也聞之欣然規往未果尋病
終後遂無問津者

同治二年秋七月
朗山陳焜新圖

端石抄手长方砚

长 16.9、宽 10.5、高 4.5 厘米

砚底铭：奚取端友，为能耐久。一日缔交，期以白首。我行与偕，我居与守。相与有成，千秋不朽。光绪庚辰（1880年）仲夏，汪宝晋。

阴文印：米斋。

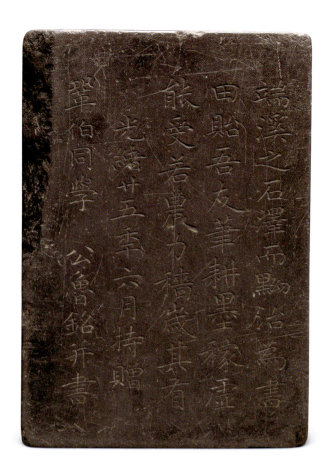

端石长方砚

长 12、宽 8、高 2.1 厘米

砚底铭：端溪之石泽而黝，
治为书田贻吾友。笔耕墨稼虚能
受，若农力穑岁其有。光绪廿五
年（1899年）六月持赠巩伯同学，
公鲁铭并书。

端石书卷砚

长9、宽11.1、高1.5厘米

砚底铭：珠泉闲趣。珍珠泉为济南七十二
泉之一，以其喷激泡沫如散珠，故名。位置于
督军署西偏，以石砌成，渠水深数尺，清漪见底。
游鱼历历可数，长三五尺者甚夥，盖前人放生
池也。予于壬子来历下，公暇辄临泉上，凭槛
观鱼，时于此间得少佳趣。适获片石，琢砚初成，
因镌数语以志雪泥鸿印。时在丙辰（1916年）
初冬。古蓨城正甫万其谊识。

珠泉閣硯

珠泉為濟南七十二泉之一以其
噴激泡沫如散珠故名位置於昔
軍署四偏石砌成渠水深數尺
清瀨見底時魚歷歷可數長三
五尺廣甚眾美前人故以放生池也予
於壬辰來歷一公餘輒臨泉上憑
檻觀魚時於興剝少許竟逸通
獲片石琢硯成因錫以名曰
遠雷澗泓印時不高風初令
吉橋鹹蕾萬祖後

端石眼柱砚

长 13.1、宽 7.5、高 7.5 厘米

砚岗铭：星宿胸罗。

砚底阳文印：紫微。

砚侧铭：丙申（1896 年）夏，避暑于东阳郝氏之倚云楼，与主人渢人盘桓弥月，见案有小砚，石眼数十，品殊奇异，时用作书画以资消遣。后余从军上谷，南北奔驰廿余年，未再经其地，闻主人已故，琴书散落矣。庚申（1920 年）客历下，子寿甥以余好砚持此来赠，石友重逢，顿触感想。旧景依稀，浑如春梦，物犹如此，良用怅然。庚申（1920 年）春正甫。

端石紫筠砚

长 11.8、宽 7.5、高 4.9 厘米

　　砚额铭：紫筠。
　　砚侧铭：紫筠砚背深如斗，可为墨注，因戏铭之曰：俯之则砚，仰之则斗。宜画宜书，可茶可酒。明窗净几以守心，涤躁祛烦而邀口。为艺苑之良朋，亦戎旅之益友。丁巳（1917 年）之秋月在于酉。铭者谁？虬髯叟。篠城万正甫刊于稷门之说剑庵。
　　砚底边铭：雅雨堂。
　　砚体为竹节形，砚面开斜通式溻池，砚背为剥开的空心竹干。

澄泥仿汉瓦砚

直径 18.1、高 3.5 厘米

砚额铭：几经煅炼，继以磨砻。内体贞固，外象浑融。灵衷应物，君子之行将毋同。石隐⑤。

砚底铭：永初二年（421 年）造作。

旧时文人常以秦汉砖瓦制砚，以发怀古之幽思，亦有以澄泥制砚，呈砖瓦之形者。此砚澄泥质地，色泽灰黄，造型仿瓦当砚，工艺精湛，平整有度。砚背雕有"永初二年造作"仿汉洗六字铭文，其两侧雕有动物形纹饰，刀法古朴厚重，金石气息浓郁，深得汉代文字灵动之趣。

洮河石雕蘑菇随形砚

长18、宽10.1、高1.2厘米

底铭：洮河上品。

阳文印：端友®制。

此砚利用洮河石特有的颜色，雕刻出一朵朵十分生动形象的蘑菇，刻工精细，利落老练。

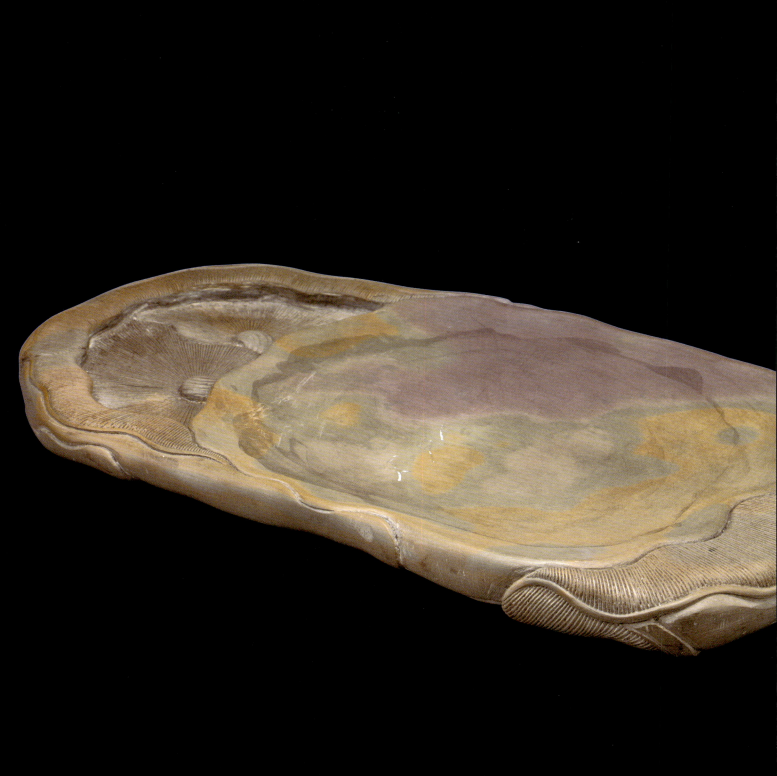

端石雕梅花随形砚

长 16.7、宽 14.8、高 4.5 厘米

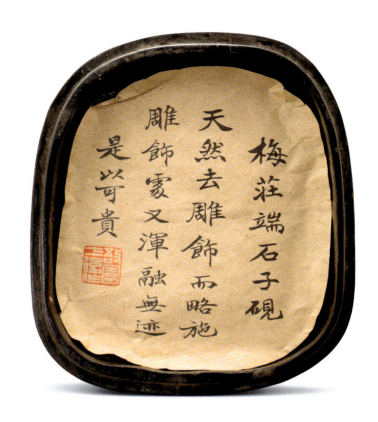

内衬纸题：梅庄端石子砚。天然去雕饰，而略施雕饰
处又浑融无迹，是以可贵。

阴文印：敦园⑩七十后作。

砚侧阴文印：敦园珍赏。

端石云纹随形砚

长 12.8、宽 11.6、高 1.5 厘米

锦盒题签：西洞冰纹青花上品端砚。

锦盒盖内题：端石以大西洞为最佳，尤以冰纹为最贵，非青花、蕉白、天青等石所可同日而语也。此研系道光初年卢坑。微有冰纹，尚未成冻，未免美中不足耳。甲子（1924 年）冬间，于无意中得之燕都海王村古肆。百研室主[10]藏。

阴文印：许修直。

内衬纸题：道光卢坑大西洞端溪冰纹冻，微有青花，为中层佳石，不易得也。甲子（1924 年）冬于无意中得之海王村。

阴文印：许修直。

砚底铭：玉腴，大厂⑩。

卢坑，指两广总督卢坤在道光十三年（1833年）开坑所得之石。肇庆知府杨霈对其似乎不太称赏，但孙森在《砚辨》中，却对其推崇有加。该书自序中说："大西洞，精华内蕴，愈出愈奇，为前人所未见，他洞所不及。迨道光时卢制军重开，直达岩腹下层，石悉成冻，以冰纹冻为异品。今石工即名曰卢坑，定为古今第一。

兹得卢坑异品，而昔人目为绝品者，俱不足擅美矣。"卢坤本人在为吴兰修《端溪砚史》所作序中道："得石稍纯者，治三百余砚，分馈故人。余数十砚，他日归舟，窃比郁林石耳。"宣统《高要县志》录《清稗类钞》所记，卢坤得石佳者三百余砚，有青花、鱼脑冻、蕉叶白、天青、冰纹、火捺、马尾纹、胭脂晕、石眼诸品。可见卢坤此次开坑，得石之佳者亦不少。

端石以大西洞為最唯此以冰紋為最
賢如書范進白天書等石皆可曰
帝語也此研保道光初年盧坑
那青冰紋尚未成凍未免美中不足
耳甲子冬同祈無恙甲得之燕
龍海王艷古肆
石研宝主藏

道光
坑大西洞端
溪冰紋凍微有青
為中層佳石不易得
也甲子冬於無意
中得之海王邨

端石汲古砚

长 14.3、宽 8.6、高 2.5 厘米

　　砚池铭：古。

　　砚底铭：汲。

　　砚侧铭一：我生般阳，君产羚羊。我性不羁，君貌修方。以古为塘，以汲为章。与我同癖，是我雁行。

　　砚侧铭二：辛巳（1941 年）秋，淄川路大荒⑩得之济上。壬午（1942 年）元旦饮酒读书，不觉微醉，乘兴制铭于大明湖畔，渔洋山人赋秋柳处之大半间楼中，并丐齐东郑蕉农道兄刊于其上。壬午人日固均郑干丞刻于历下寄庐。

　　阴文印：大荒、郑。

澄泥长方大砚

长 33.9、宽 21.3、高 4.4 厘米

砚盖铭及砚侧铭：质秉坤而至
粹，体纯阴而包阳。有章其美，有
色其黄。陈之几案，以近文明之光。

質東坤所主粹
體純陰而色陽
有章其莫有色
其黃陳之凡窯
已近文明之光

質東坤所主粹體純陰而色陽有章其莫有色其黃陳之凡窯多近文明之光

澄泥素池砚

长15.9、宽9.6、高2.2厘米

砚底铭：金为声，玉为质，春为华，秋为实。建荼^⑩属，竹侣。

砚侧铭一：文润身，德泽民，砚乎吾席珍。研卿大兄属，勉如书于青门旅次。

砚侧铭二：砚田无恶岁，酒国有长春，即以此二语移赠建荼大弟，季海^⑪。

此砚为澄泥材质，砚形规整大气、实用，铭文镌刻秀美，玉德金声，不可多得。

金為郁玉為噴喜
為葉秋為家
建峯屬硯侶

文潤身德澤民硯乎吾席珍
研卿大兄屬 勉如書千青門旅次

硯田無惡歲酒國有長春即以此二
語移贈 建峯六弟 季海

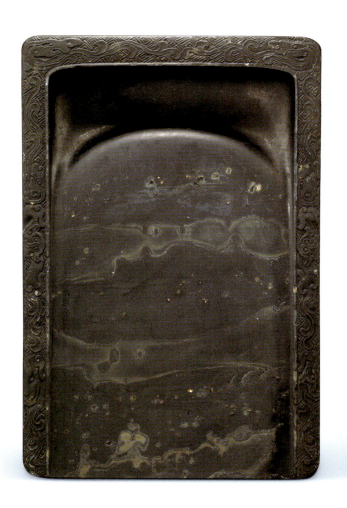
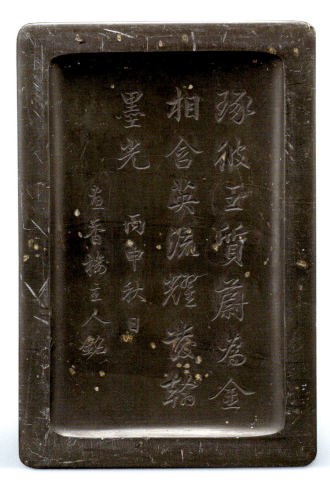

歙石雕螭龙砚

长 17.2、宽 11.2、高 3.4 厘米

砚底铭：琢彼玉质，蔚为金相，含英流耀，发翰墨光。丙申秋日，画香楼主人铭。

此砚为歙石材质，砚边精雕螭龙纹，背作覆手，做工精细。墨池作淌池式，既实用又规整。上有大片金晕并金星点点，湿水后更显金光灿灿。

端石“门”字砚

长 12.5、宽 10.9、高 1.5 厘米

砚底铭一：见龙在田，君子乐只。岁次戊寅春月中浣，为泮然年兄题，义光王炳。

阳文印：臣。

阴文印：炳。

砚底铭二：既坚且硬，亦方亦正。虽不能言，言必有中。泮然先生属题，汉原马联房。

阳文印：少居。

砚侧铭：寿山一品。泮然大兄大人疋正，易上达题。

歙石雕一团和气圆砚

直径 27.5、高 4.3 厘米

砚面铭：己未王印潭持赠，西冈[16]宝之。

砚作圆形，双面做砚池，一面素，一面精雕阿福一尊。阿福形象生动，笑容可掬，双臂环抱，围作砚堂与墨池，设计精巧。

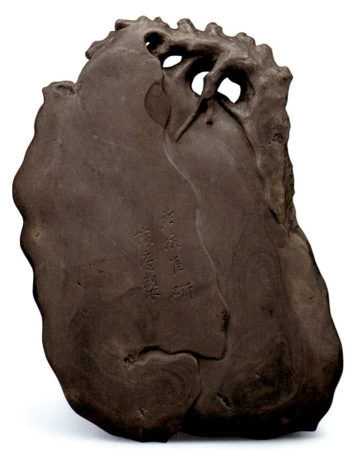

端石玉兰花形砚

长 21、宽 13.2、高 1.4 厘米

砚底铭：老坑佳研，榕庐制。

端石岁寒三友砚

长22、宽16.5、高3.8厘米

砚底铭：重为轻根，静为躁君，和
其光，同其尘，终身不勤。庚申四月水
邨老人集道德经语铭此研。

阴文印：水村。

井池砚

长14.4、宽7.2、高1.4厘米

砚盖铭：西狭颂。

砚面铭：井。

砚底铭：汉惠安西表碑缩本。《西狭颂》全文（略）。

此砚通体泛红，石质细腻，外形古朴。池作"井"字，背刻缩临《西狭颂》全篇。《西狭颂》号称"汉三颂"之一，为东汉著名的摩崖石刻。

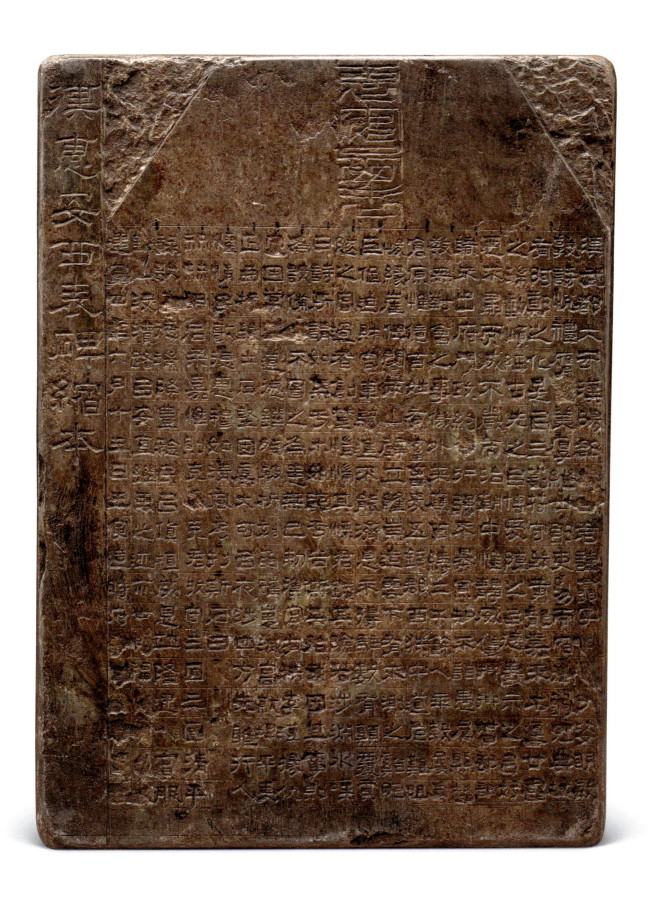

端石井田砚

长 12.1、宽 7.6、高 1.7 厘米

砚底铭一：是为戚氏之田，亦服亦耕。必有丰年。余斋[注]先生属，鳝[注]作。

砚底铭二：此府物也，细坚洁润，为近时罕见。今得之，希哉！光绪戊子年（1888 年）二月，竹生氏志。

砚侧铭：余斋先生遗砚，简庄征士书铭于背。戊寅（1878 年）中秋衍石[注]农部属予补泐而谨藏焉，志宁[注]记。

此砚端石质，微有可见青花，石质细腻。
砚呈长方形，局部留有部分砚石原皮。此砚面
与《西清砚谱》中所著录的宋方井砚较为相似，
周刻沟塍，面为"井"字，砚堂开阔，砚岗雕
一卧牛，砚底边略有损。砚背做浅覆手。此砚
周身三处刻铭，涉及人物较多，可侧面反映出
当时的文人交往，有较强的历史研究价值。

歙石井田砚

长32、宽32、高4.9厘米

该砚歙石质，方形，石色黝黑，石质细腻。造型与故宫博物院藏歙石"井"字大方砚极相似。砚面中央为正方形砚堂，四周围绕砚堂成渠，四角作"井"字形。砚面四边满刻"万"字锦地纹，其四边及砚堂边沿雕刻河图纹，砚背光素，做下凹浅覆手。砚体宽大，古朴厚重，制作精良。

《辞海》在解释"河图洛书"一词时说："……传说伏羲氏时有龙马从黄河出现，背负'河图'；有神龟从洛水出现，背负'洛书'。伏羲根据这种'图''书'画成八卦，就是后来《周易》的来源。"[10]河图与洛书并称"河洛"，作用也密不可分，常用于表示中国传统的阴阳五行，象征节气时令。

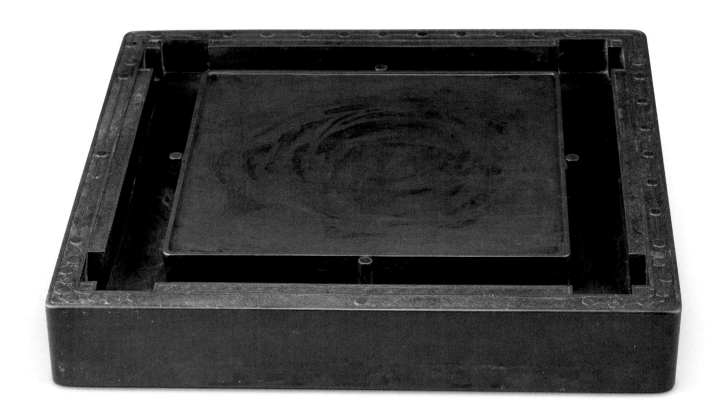

"河图之数"把天上的五帝，地上的五方、五行、五畜、五谷等关乎人类生存的事物包含其中。河图洛书通过十个自然数字的奇妙组合，把天文、地理和人事等万事万物有机联系起来，是先民天人合一宇宙观念的直观体现，对传统农业社会的政治、经济、科技和文化等产生了深远影响。伏羲氏依河图洛书而画八卦，文王依八卦而演《周易》，阴阳对立统一的辩证法则与天人合一的宇宙观念，铸就中华民族的思维模式。

洛书古称龟书，其甲壳上有此图像，结构是戴九履一，左三右七，二四为肩，六八为足，以五居中，五方白圈皆阳数，四隅黑点为阴数。砚堂居中，河图数对应五，应雕刻五个凹点，但四边仅呈现四个。由此可观想，当砚主使用墨条研磨之时，如俯瞰，则墨条正组成缺失的第五点，此时也将砚与砚主紧密相连。

浅谈井田砚

陈　辰

　　砚，作为文房四宝之一，是古代中国文人的文房挚友，也是流传至今的珍贵文物、文玩，我们往往可以从一方古砚的形制、纹饰、铭文等方面解读出藏者的一些思想。宋代高似孙《砚笺》录铭曰："笔之寿日，墨之寿月，砚之寿世，何也，砚静也，吾得养生焉。以钝为体，以静为用，唯其然，是以永年。"[①]文房四宝当中，笔易损，纸易碎，墨易折，唯砚不朽，故古代文人多爱砚、藏砚（松花石万寿砚，图见第 19 页）。

　　砚又称砚田。因古代农夫以耕田为生，文人以抄写或绘画为生，故以笔代耕，以砚为田，取"笔作耕牛砚作田"之意。古人多有咏砚田的诗句，如宋代大文豪苏轼《次韵孔毅甫久旱已而甚雨》诗中云"我生无田食破砚"；清代董元恺《满江红·其二过挥锄居，立和谈青雪韵》词中有"半亩笔耕东海粟，砚田卧采西山蕨"；清代张愭《过继梅小楼题画示陆子鸿仪》诗中曰"零落云霞护砚田"（图 1）。

　　井田砚样式源于我国古代社会土地制度——井田制。其出现于商朝，于西周时发展成熟[②]。《孟子·滕文公上》载："方里而井，井九百亩。其中为公田，八家皆私百亩，同养公田。公事毕，然后敢治私事。"即将土地分割成"井"字，中间为公田，四周八块为私田，私田由分得者耕种，公田由分得私田者无偿耕种，故井田砚也暗含"天下为公"之意。至春秋时期，由于铁制农具和牛耕的普及等诸多原因这种土地制度逐渐瓦解[③]。井田制的发展，使土地作为家族财富得以继承，推动了宗族和宗族观念的形成，促进了农耕文化的传承和发展。

　　许多井田砚的铭文都有"笔耕砚田"之词或其义。如北京市文物交流中心所藏一方端石雕牛长方砚，底铭便有"在以砚为田，以笔为耕者"。许多井田砚上有"墨耨笔耕，长登大有""儒老终身耕此田""笔耕无税，永为良田"等铭文[④]（端石雕牛长方砚，图见第 80 页）。

　　历史上不乏文人笔耕砚田，以文易物的典故。宋代大文豪苏东坡有个同僚，叫作韩宗儒，和苏东坡有文书函件往来。每当他得到苏轼的回信，便会去找名将姚麟换羊肉。一封书帖大概可换羊肉数十斤。此事被黄庭坚知道了，便打趣苏轼道："王羲之的字被人称作换鹅书，你的字我看完全可以叫作换羊书嘛。"后来有一天，当苏轼正忙得不可开交，馋嘴的韩宗儒又命人送来书函，希望能得到苏轼的回复。苏学士对送信人说："传语，本官今日断屠。"（端石井田砚，图见第 170 页）

图 1　莘田款端石东井砚，故宫博物院藏

井田砚造型独特。常见造型多为方形，正面四方留出"井"字形砚边，"井"字中间部分扩大为砚堂，砚池多为淌池，部分井田砚在砚岗雕刻卧牛。砚背常做"井"字，或凸起做足起稳定作用，或下凹做阴刻处理，"井"字中间部分可呈现文字或图案，砚背也有做浅覆手或光素（歙石井田砚，图见第 94 页）。

井田砚的制作在选材方面较为严格。一般选用材质纯正，软硬适度的砚石。井田砚形制中多呈现直角转折，需线条挺拔有力、角度严谨，否则易有绵软粗糙之感，对工艺要求较高（歙石井田砚，图见第 172 页）。

井田砚多见于明清两代，清《钦定西清砚谱·卷三》中亦有载一方宋方井砚。此砚为澄泥质地，周刻沟塍，砚面为"井"字，砚堂平阔如畦，墨池深广。砚岗刻卧牛，卧牛雕刻自然，神态舒展。砚侧刻"宋砚、方井"。御铭为："冽寒泉，润嘉颖，立体于静，福田斯永，养而不穷者，井也。"北京市文物交流中心藏一方端石"井"字方砚，底铭有异曲同工之妙，曰"获田虽曰石，井养而不穷。耕之惟以笔，岁岁庆年丰。桂亭广玉"，并有"永年""石田"印（端石"井"字方砚，图见第 81 页）。

井田砚作为古砚中一种独特的器物类型，具有极高的使用价值、艺术审美价值、历史价值和研究价值，可供我们研究和欣赏。其造型、雕刻、题款和铭文各个方面，反映着古代知识分子"穷则独善其身，达则兼善天下"的人文精神，是古人托物言志的载体，亦是我国传统文化中艳丽的奇葩。

（作者单位：北京市文物交流中心）

注　释

① 陈丽萍、罗珏：《浅析随形砚的艺术特征》，《美术大观》2013 年第 2 期。
② 朱小飞：《灌溉文明的滥觞与冲突》，《中国水利》2016 年第 10 期。
③ 朱小飞：《灌溉文明的滥觞与冲突》，《中国水利》2016 年第 10 期。
④ 蔡鸿茹：《井田砚纹饰小议》，《天津社会科学》1882 年第 3 期。

卢葵生漆砂砚

长 13.7、宽 8.1、高 1.3 厘米

砚盒底朱文印：葵生。

漆砂砚始于宋代之前。其用大漆调和紫色颜料和细砂
糅成。这项工艺于乾隆年间由扬州糅漆艺人卢映之恢复。
道光年间，卢葵生用紫推光漆糅涂，再退光仿紫砂陶，做
成紫油砂漆壶、砚台等。

嵌螺钿盒漆砂砚

长 13.3、宽 9.5、高 3.5 厘米

砚底铭：宋氏藏宝。

砚侧铭一：恒河沙，沮园漆。鬓而成，研同金石。既寿其年，且轻其质，子孙宝之传奕奕。稽留山民。

阴文印：冬心。

砚侧铭二：仿宋宣和内府制。

阴文印：葵生。

砚盒底朱文印：卢葵生制。

此为卢葵生款漆砂腰圆砚。砚有四足，外底黑漆。外露的左砚墙刻金农铭文，右砚墙刻隶书铭文，笔意简率。形制奇特，漆砚上承砚盖，下置底座，砚盖与底座不相扣连而相距寸余，称无地盖。盖、底皆为木胎鬓漆砂，座有四矮足。盖面以螺钿嵌百宝花卉。为清代卢葵生所制。

179

百宝嵌盒漆砂砚

长 17.5、宽 10.7、高 2.7 厘米

砚盖铭：某（梅）花欢喜竹平安。丁卯春日，西唐⑫。

砚侧铭：仿宋宣和内府制。

阴文印：癸生。

砚底阳文印：双骏馆主人沈能毅⑬宝藏澄泥研。

玉砚

长 13.9、宽 11.4、高 1.4 厘米

　　此砚青玉质地，梅花形状，池作双圈形。砚边雕"回"字纹，整体素雅大方，兼具实用性。

腰圆玉砚

长9.4、宽7.3、高1厘米

此砚以玉瓦改制，白玉质地，玉质油润细腻。砚周起线，制作精良。盒盖嵌玉一枚，亦为白玉。上、中、下分别雕有鳜鱼、"寿"字、盘长结，寓意富贵长寿、吉祥如意。

青玉雕叶形砚

长 14.2、宽 5.8、高 0.9 厘米

硯作树叶形态，青玉质地，雕刻规整严谨，砚背带黄皮，玉质细润。

青金石雕叶砚

长 12.1、宽 9.2、高 2.3 厘米

石砚取材青金石，青色湛蓝明丽，如雨后初霁之晴空，可见料之上乘。砚形饱满厚实，随石料略加雕琢，巧作椭圆形，砚缘上方雕叶脉，左右起线，呈推池式。

雕云澄泥砚

长 13.3、宽 11.6、高 3.2 厘米

随形澄泥砚，背面以珊瑚巧雕荷叶为底，托住云纹澄泥砚。

端石砚板

长 22.5、宽 14.9、高 2.3 厘米

砚底铭：端溪研坑图。羚羊峡口、洞口、摩胸石、庙尾、水槽口、东洞、梅花桩、门楼仔、洞仔、大水湖拱篷、小西洞、大西洞。

此砚呈砚板形状，上有金线、青花、胭脂晕，背刻端溪各坑口位置及坑口周围山峦及羚羊峡地形，为后世确认端溪各坑口位置提供了重要依据。

雕玉兰随形端砚

长 20.7、宽 7.4、高 1 厘米

此砚以老干虬枝玉兰花形仿生雕刻砚堂，石质细腻，砚面有活眼二颗及大片青花、火捺，为不可多得之佳砚。

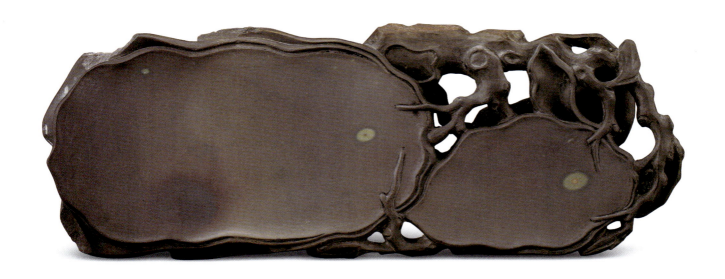

端石雕螭龙长方砚

长 19.5、宽 12.1、高 3.9 厘米

砚侧铭：《般若波罗蜜多心经》全文（略）。

阴文印：石渠宝笈、古希天子、宜子孙。

此砚呈紫灰色，砚岗上雕一螭虎，砚边刻螭虎纹，砚背刻观音像一尊，观音手执净瓶和柳枝，脚踏浪花，衣带飘飘，观音像造型生动准确，给人以普度众生之感。

雕云抄手砚

长 20、宽 11.5、高 7 厘米

　　此砚为抄手形，端砚材质，造型简洁实用。墨池浅雕云纹眼柱六颗，似六颗星星在云中隐现。砚背留有眼柱二十三颗。

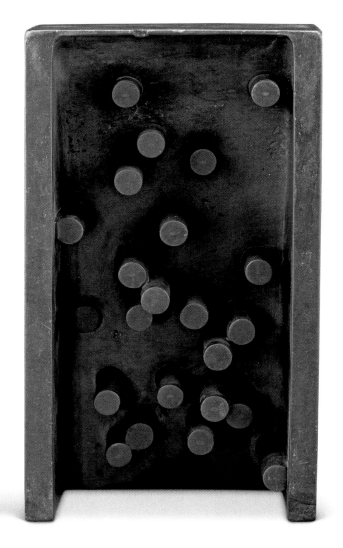

雕龙圆池端砚

直径 15.9、高 5 厘米

硯底阳文印：宣和。

此硯为圆形辟雍式，正面硯堂上部雕云龙纹，硯堂有墨锈遮盖但仍有大片天青显现。硯壁四周浅刻山水树木，七人七骑。背面亦为辟雍式，硯堂上下各留石眼一颗，中间刻"宣和"篆字，硯堂满刻龙凤纹。此硯制作精良，雕刻细致入微，线条流畅，形象生动。

197

端石竹节砚

长 9、宽 9.4、高 2.4 厘米

此砚为端砚质地，仿竹节造型，双面均留有砚堂墨池，一面砚堂雕蜘蛛一只，雕刻精细，形象生动。

澄泥长方双联砚

长 19.9、宽 24.1、高 2.6 厘米

澄泥材质，淌池式，双砚并联，线条简洁硬朗，双联砚比例协调，实用。

澄泥太狮少狮砚

长 12、宽 20.5、高 6 厘米

砚作太狮少狮形，造型夸张，通体黝黑泛光，狮身作
砚堂，呈虾头红色。

葫芦形泥砚

长 8.6、宽 7.2、高 1.6 厘米

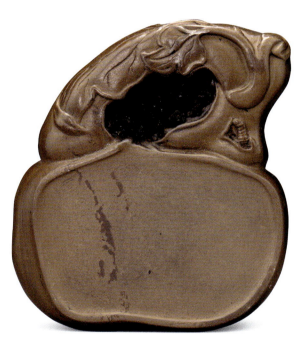

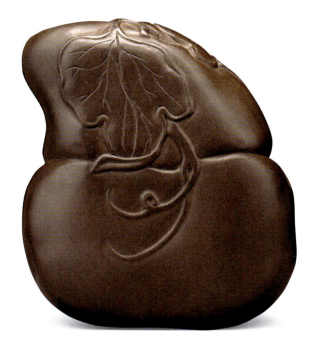

此砚泥制，盒盖与砚作同一图样雕刻，均呈葫芦形，造型生动、传神，一条小虫咬破叶片钻出，更显生活气息。葫芦在中国有多重寓意，如子孙万代、长寿安康、富贵平安等。

蠖村石石鼓砚

长 16.8、宽 11.8、高 3.2 厘米

蠖村石砚,正面刻《石鼓文音训》第一鼓释文,背仿刻石鼓第一鼓全文,此类砚存世较多。蠖村石是一种太湖地区特有的泥岩,所制砚台有发墨快、不渗水、久贮不涸的优点。蠖村砚质地温润,色泽柔和,滋润胜水,益毫发墨,石性糯而砚锋健,刚柔兼济。因颇类人工烧制的澄泥砚而跻身砚林。

紫袍玉带"寿"字砚

长 20.5、宽 13.1、高 4.2 厘米

砚面铭：寿（百"寿"字）。

此砚石出湖南，名为祁阳石，石质细滑，色紫红，砚石中间夹着一条苍绿色的石层，名曰"紫袍玉带"。

菊花石圆池砚

长 22.4、宽 17.6、高 3.7 厘米

菊花石产于湖南浏阳，白色石花呈自然菊花花朵形状。此砚利用四朵天然石花雕刻成花朵，花朵之间雕刻枝蔓花叶，似一幅生动的水墨画。菊花被誉为"花中四君子"之一，清雅、高洁，自古以来就备受人们的喜爱。

洮河九龙砚

长 29.8、宽 20.5、高 2.5 厘米

洮河石出甘肃省，砚呈长方形。分四层雕刻，四边雕"万"字纹，二层透雕九龙纹，九龙隐现于云中，三层透雕海水、龟、蟹和鱼等海兽，最里面一层为圆形墨堂。此砚雕刻繁缛，刻画生动，技法高超。

端石猫形砚

长9.4、宽13.7、高1厘米

此砚为端石质地，肥猫造型，二颗石眼巧妙地雕作猫的眼睛，二眼带睛。猫侧卧，长尾卷曲，身上毛发雕刻精细入微，尾部一只小猫在其身上嬉戏，小猫双眼也是由石眼巧雕而成。此砚雕双猫，一动一静，生活气息浓厚。

端石雕云蝠腰圆砚

长 17.4、宽 14、高 4.5 厘米

    砚作随形，正反两面利用石眼雕蝙蝠二十只，砚四周刻云纹。正面蝙蝠刻于墨池之中，背面作墨海，蝙蝠飞翔于墨海之上。蝙蝠雕刻形态各异、线条生动，蝙蝠在中国文化中象征着好运、幸福、长寿和富贵，在砚雕中经常可以看到蝙蝠的身影。

端石雕龙抄手对砚

长 19.4、宽 10.6、高 5.2 厘米

　　此对砚呈抄手式，砚堂平坦，墨池雕刻龙戏珠图案，龙纹刻画简练生动，双目炯炯有神。

端石 金蟾砚

长 20.7、宽 12.2、高 2.6 厘米

端砚雕作金蟾形，砚圆雕，头、眼、足雕刻夸张生动。金蟾主要寓意招财进宝，象征着财富和好运。在古代，人们通常用"蟾宫折桂"来比喻金榜题名，因此金蟾也被赋予了官运亨通的寓意。

端石带眼云蝠砚

长 16.6、宽 17.7、高 2.4 厘米

砚侧铭：端州之精英，最妙为老坑。雨过天青色，鹦鹉眼如生。光绪己丑（1889 年）年荫荪氏藏。

砚作随形，双面可用。砚额雕云蝠纹，并有翠绿色鹦鹉眼五颗。砚堂石质细腻，紫中泛蓝，有大片青花。背面额雕云蝠纹，有二颗翠绿色的鹦鹉眼，眼分五层带睛。此砚宽大、雕刻生动、线条流畅，为难得之端砚佳品。

端石随形云纹砚

长 22.8、宽 19.2、高 3.6 厘米

砚作随形，四周略加打磨，左上角保留一块石皮，略加雕饰成云纹。墨池似天然形成的孔洞，砚堂紫中泛蓝，整体天然去雕饰，朴素沉静。

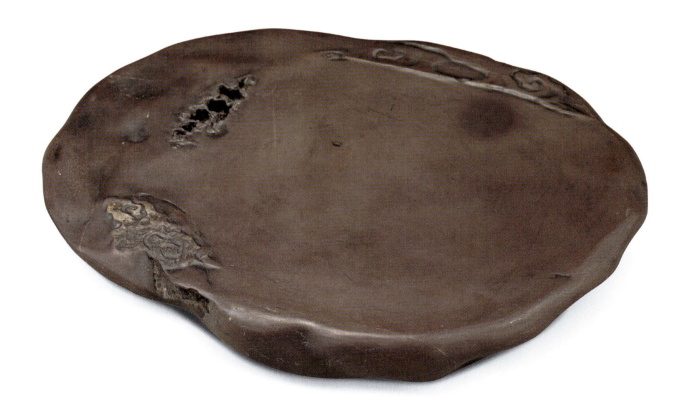

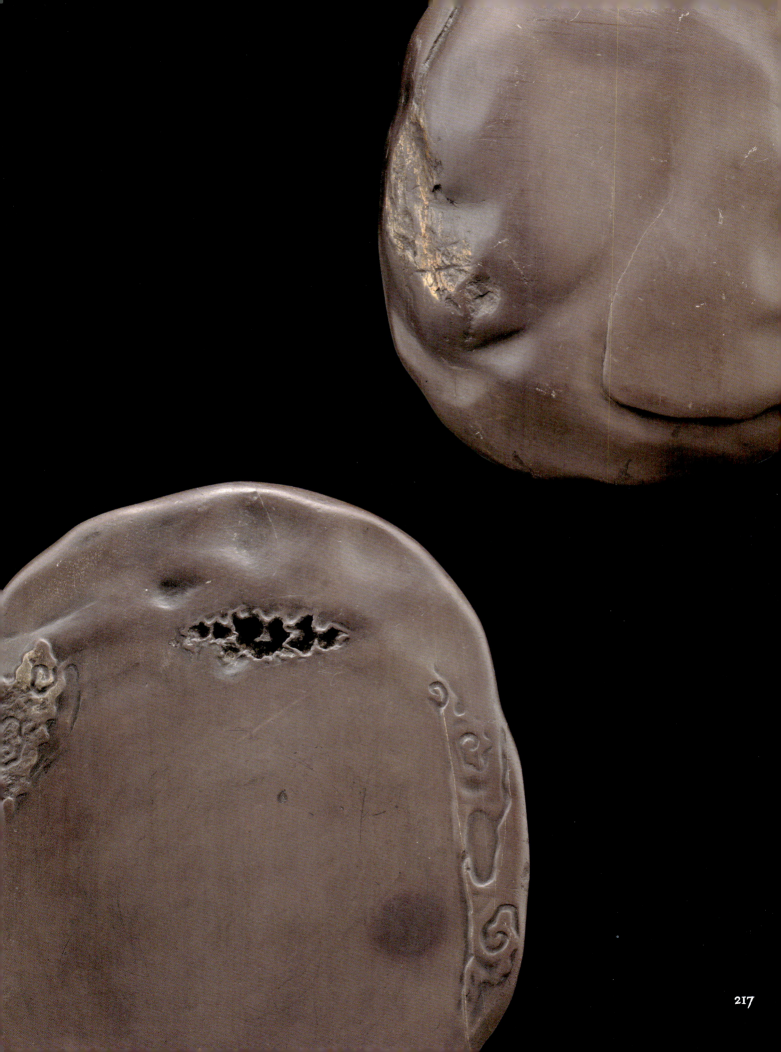

端石鱼跃龙门砚

长 20.3、宽 12、高 8 厘米

砚作长方形抄手式。墨堂内雕一条鱼跃出水面，上方以简洁的线条刻画出象征龙门的架子。鱼跃龙门有事业成功、金榜题名等寓意。

端石云龙砚

长 17.5、宽 22.4、高 3.2 厘米

砚底铭：霖雨苍生。

砚作随形，为端石材质。一条巨龙穿过云雾，似守护神盘踞在砚堂之上，砚正面有石眼八颗，工匠巧妙地利用二颗石眼雕刻成巨龙的双眼，二目带睛，炯炯有神。背面刻隶书"霖雨苍生"四字，意为利用此砚发出的政令应造福百姓，恩泽广被于民。

端石狮形砚

长 7.5、宽 10.1、高 1.2 厘米

端石材质，狮戏球造型，石色灰紫，砚堂横列两条金线。狮子造型夸张，鬃毛飘飘，二目炯炯有神。

端石龙凤砚

长 13.9、宽 9.4、高 2.8 厘米

砚侧铭：百研斋壬字第五研。

阴文印：赵星日藏。

砚作长方淌池形，制作规整，包浆厚重。砚背刻龙凤图，一凤在云中飞舞，一龙在波涛中隐现。云纹流畅，水波涟涟。凤鸟有祥瑞之兆，龙更代表了权势、高贵、施雨、祈丰收，是人们心目中吉祥幸福的化身。

歙石蝉形砚

长 21.2、宽 13.5、高 5 厘米

砚作蝉形，歙石石质黝黑细腻，刀法洗练流畅。
砚堂宽大，墨池深广，巧作蝉首，栩栩如生，为案
头文玩之上品。

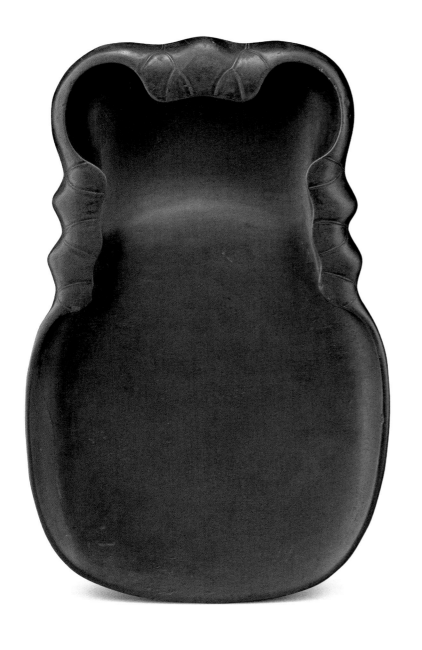

歙石雕荷叶蝉形砚

长37、宽23、高6厘米

砚作蝉形，歙石石质温润、细腻、光洁，刀法洗练，线条流畅。墨池处作蝉首，墨池深且大，砚堂宽广。背面作荷叶形，叶梗变形弯曲成二足。整方砚台充满意趣，雅致可爱。

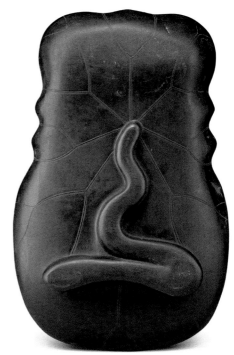

端石瓦形砚

长 15、宽 10.3、高 2 厘米

　　此砚为端石材质，石质细腻光洁，呈苍灰色。整体外形规整，线条流畅，砚面似瓦，略上拱。墨池似云朵，以细小之云纹包围。砚堂作规矩的圆形，以回纹为边框，背面光素呈内凹状。此砚整体文雅，有浓厚的文人气息。

端石梅桩砚

长 16.8、宽 8.4、高 2.1 厘米

　　此砚为端石材质，紫色。砚堂上有翡翠斑呈自然形状。砚分上下两部分，上部巧妙利用绿色石眼透雕成梅花图案，下部正面制成砚堂。背面雕作老梅树桩，梅树斑驳遒劲，花朵繁茂，给人生机勃勃之感。

① 张廷济（1768～1848年），原名汝林，字顺安，号叔未，又号说舟、未亭、作田、竹田、兰亭旧长、眉寿老人、海岳庵门下弟子，浙江嘉兴人。清代金石学家、书法家。清嘉庆三年（1798年）解元。工诗词，精金石考据之学，收藏鼎彝、碑版及书画甚多。精于行书和楷书，初摹钟繇、王羲之，五十后出入颜真卿、欧阳询间，晚年兼法米芾。张廷济著有《清仪阁题跋》《清仪阁诗钞》《眉寿堂集》《桂馨堂集》等，辑有《清仪阁古印偶存》六册、《古印缀存》一册。

② 阮亨（1783～1859年），字梅叔，号仲嘉，清代文学家。阮金堂之孙，阮承春次子，过继给阮元二伯父阮承义为子，阮元从弟。所撰骈体文、古近体诗、词录、诗话、传奇、随笔、杂记等11种36卷，汇为《春草堂丛书》刊行，还有《珠湖草堂诗钞》《琴言集》《珠湖草堂笔记》等。所辑、校《七经孟子考文并补遗》200卷、《广陵名胜图》、《皋亭唱和集》、《淮海英灵续集》12卷、《广陵诗事补》等。

③ 达受（1791～1858年），字六舟，又字秋楫，号万峰退叟，俗姓姚。浙江海宁人。出家为僧，居盐官北门外白马庙。后主持西湖净慈寺。精鉴赏，喜金石，诗书画刻均精妙，摩拓古铜器尤称绝技。行迹半天下，名流硕彦多所交流。阮元称他为"金石僧"。

④ 杨澥（1781～1850年），单名杨海，字竹唐，号龙石，又号聋石、石公、聋彭、聋道人、野航子、野航逸民、枯杨生、杨风子、吴江野老、风痹废人，江苏吴江（今江苏苏州）人。晚清竹刻家，擅治印，精刻竹。印章以秦汉为宗，于金石考据之学靡不精通。竹刻善摹金石文字，刀法深圆，风格独特。

⑤ 杜文澜（1815～1881年），字小舫，一作筱舫，号静逸，又号憩园、采香舟主人，书斋名"曼陀罗华阁""谐谷园""浣花草堂"，浙江秀水（今浙江嘉兴）人，居郡城报忠坊。清官员、词人，曾官江宁布政使、江苏按察使、两淮盐运使。曾国藩甚重其才。嗜金石、书画，收藏极富。工倚声，善分书，喜艺兰，刻有《艺兰四说》。著有《采香词》4卷、《曼陀罗华阁琐记》2卷、《憩园词话》6卷等。

⑥ 翁方纲（1733～1818年），字正三，一字忠叙，号覃溪，晚号苏斋，顺天大兴（今北京）人。清代书法家、文学家、金石学家。乾隆十七年（1752年）进士，授编修。历督广东、江西、山东三省学政，官至内阁学士。精通金石、谱录、书画、辞章之学，书法与同时的刘墉、梁同书、王文治齐名。论诗创"肌理说"，著有《粤东金石略》《苏米斋兰亭考》《复初斋诗文集》《小石帆亭著录》等。

⑦ 陈克劬，清代诗人。字子勤，江苏丹徒（今江苏镇江）人。同治丁卯（1867年）举人，客游湖北，主讲勺庭书院。工诗擅画，著有《晴游阁诗》《红豆帘琴意》《皖游纪略》《革篷类稿》《知悔斋文集》等。

⑧ 吴鸿勋，字子嘉，号心兰、小竹、鹤峰、紫袈道人、知非翁，清咸丰举人，后入曾国藩幕府，并任过湖州知府三年。其擅画竹竹，笔意秀劲，亦工书，以卖画自给。1862年开始寓沪卖画，其作品显现出古雅而又野逸之气。

⑨ 胡钁（1840～1910年），一名孟安，字菊邻、匊（掬）四，号老鞠、废鞠、不枯，又号晚翠亭长、竹外外史，晚年又号南湖寄渔，别署不波生，浙江石门（今浙江桐乡）人。清同治八年（1869年）中秀才。擅治印，工刻竹，亦擅石刻。著有《石亟小泊吟草》《晚翠亭长印储》等。

⑩ 孙世昌，字少峰，安徽桐城人。嘉庆七年（1802年）进士，官浮州知府。水墨花卉颇有韵致。

⑪ 徐世昌（1855～1939年），字卜五，号菊人，又号弢斋、东海、涛斋，河南卫辉人。退居河南辉县水竹邨时，自称水竹邨人、退耕老人、石门山人。名居处为退耕堂。清代举人，后中进士。曾任中华民国大总统，辞掉总统职务后，多次拒绝日本人的劝诱，不供伪职。徐世昌国学功底深厚，不但著书立言，而且研习书法，工于山水松竹，被称为"文治总统"。《归云楼砚谱》是清末民国时期徐世昌所藏砚台拓本的谱集，共收徐世昌藏砚120余方，其质地有端石、歙石、澄泥等，形式丰富，以具有学术性、艺术性享誉砚林，是砚谱中的经典之作。归云楼是徐世昌宅邸的室名。

⑫ 戴联奎（1751～1822年），字紫垣，江苏如皋人。乾隆中期进士，官内阁学士，左都御史，礼部、兵部尚书。治经学，有清节，不交结权贵，拒和珅之请。曾督浙江学政。道光元年卒。

⑬ 顾从义，1523年生，明代书法家、藏书家。字汝和，因得米元章砚，自号砚山。精鉴赏，喜藏书，性好收藏石艺，建有"研山斋"。其所藏名家书画、金石鼎彝、古砚甚丰，尤爱法帖。嘉靖二十九年（1550年），诏选天下端楷善书者，他以第五名中选，授中书舍人。隆庆初以修国史有功，擢大理寺评事。

⑭ 万经（1659～1741年），字授一，号九沙，自号小跛翁，浙江鄞县（今浙江宁波）人，万斯大之子，清代学者、书法家。幼年即随父从黄宗羲学，博通经史，于清康熙四十二年（1703年）中进士，为翰林院庶吉士。

⑮ 于孔兼，字元时，号泰景，南直隶金坛（今江苏金坛）人，晚明政治人物，万历八年（1580年）进士，授九江推官，入为礼部主事，再迁仪制郎中，东林党重要成员，以疏争"三王并封"，为万历帝所嫌。不久又因疏救赵南星，谪安吉判官。投牒归，居家杜门读书二十年。著有《春曹疏》《于景素先生山居稿》《江州余草》《浮云山居集》等。

⑯ 李馥（1662～1745年），清藏书家。字汝嘉，号鹿山，又号信天居士。福州福清人。康熙二十三年（1684年）举人，曾至四川做官数年，历官西漕史、工部员外郎、刑部郎中、安徽布政使、苏松常镇道、江宁按察使。后官至浙江巡抚，因内讧被解除官职。留在吴中十多年，游览于九仙乌石、南江西峡之间，收罗古籍善本，藏于"笔山阁"中。任浙江巡抚时，收书极多，一时善本齐入"曹仓"。并亲手抄写书籍，与郑杰、刘筠川等人被称为康雍乾间福建藏书家。藏书印有"曾在李鹿山处""笔山阁图书记"等。能诗文，著有《李鹿山集》《鹿山诗抄》《居业堂诗稿》等。

⑰ 张瑞图（1570～1644年），字无画、长公，号二水、白毫庵主人，福建泉州晋江人。万历三十五年（1607年）进士，官礼部尚书兼东阁大学士。擅画山水，法黄公望，亦工佛像。书法奇秀，与邢侗、米万钟、董其昌合称"晚明四家"。

⑱ 马湘兰（1548～1604年），本名马守真，小字玄儿，又字月娇，号湘兰。南直隶金陵（今江苏南京）人，明代歌妓，女画家、诗人。马湘兰家中排行第四，人称"四娘"。为人旷达，性情轻侠，常挥金以济少年。秉性灵秀，能诗擅画，尤擅画兰竹。其多才多艺，通音律，擅歌舞，并能自编自导戏剧。马湘兰慕名求访者甚多，与江南才子王稚登交谊甚笃。在王稚登七十大寿时，马湘兰前往苏州为其置酒祝寿，归后强撑沐浴，以礼佛端坐而逝，时年57岁。

⑲ 王稚登（1535～1612年），字百谷、伯谷、伯固，号松坛道士。南直隶江阴（今江苏江阴）人，后移居长洲（今江苏苏州）；一说吴郡人。明代后期文学家、诗人、书法家。王稚登少时有才名，四岁时能属对，六岁善擘窠大字，十岁能诗，名满吴会。嘉靖四十三年（1564年），王稚登北游太学，阁试作《瓶中紫牡丹诗》，得大学士袁炜赏识，欲荐举于朝，未果。王稚登一度以布衣校书秘阁。万历十四年（1586年），与王世贞、屠隆等在杭州共举"南屏社"。万历二十二年，与同邑魏学礼、江都陆弼、黄冈王一鸣同被召为修国史，未上任。晚年王稚登以名士主持吴中风雅，声名极盛。王稚登工书法，擅篆、隶、行、草书，著有《吴社编》《金昌集》《国朝吴郡丹青志》等。王世贞对王稚登高度评价："故相国袁公以文是重嘉靖末，然生贵甚鲜可，而独才吾吴人王百谷于国士少双，百谷坐袁公广坐中，无所不睥睨。"

⑳ 爱新觉罗·宝熙（1871～1942年），清宗室，姓爱新觉罗，字瑞臣，又号独醒客，署硕山居士等，室名独醒盦。隶属满洲正蓝旗。光绪十八年（1892年）进士，历任翰林院侍读、湖北乡试正考官、山西学政、国子监祭酒、内阁学士、礼部侍郎、学部右侍郎、学部左侍郎、总理禁烟事务大臣、崇文门副监督等职。辛亥革命后，曾任总统府顾问、政治会

议会员、约法会议议员、参政院参政等职。工书，擅诗文。其书用笔内敛、苍劲厚重、端庄肃穆。

㉑ 陶计春，一作计椿，更名浚，字牧缘，浙江秀水（今浙江嘉兴）人。清咸丰、同治时书法、篆刻家。赵之谦高弟之一。书法、篆刻得乃师之圆转法和"一根柳动根根动"之诀。篆刻作品如"吴带当风"，笔笔回环飘旋，无一笔不动。笔法、墨韵、刀趣、石味皆表达无遗。既得师法，又有新意。边款亦工致秀润。亦擅竹雕。

㉒ 顾元熙，字丽丙，号耕石，江苏吴县（今江苏苏州）人。嘉庆十四年（1809年）进士，授编修，官至侍读学士。工书法，初近欧阳询，后法文徵明。

㉓ 张锦芳（1747～1792年），字粲光、粲夫，号药房、芝玉、花田。广东顺德人。乾隆五十四年（1789年）己酉科二甲五名进士，散馆授编修，旋辞归。通说文，擅金石文字，尤工诗，与冯敏昌、胡亦常常称"岭南三子"。又与黎简、黄丹书、吕坚称"岭南四家"。著有《逃虚阁诗钞》《南雪轩诗文钞》。

㉔ 项元汴（1525～1590年），浙江嘉兴人，字子京，号墨林，别号墨林山人、墨林居士、香严居士、退密斋主人等。其法书、绘画、晶彝、玉石等收藏，甲于海内。项元汴不但与古董图、艺术图交游，且注意网罗名匠，据上海图书馆藏《嘉禾项氏宗谱》记，项元汴"又精心计，尝计选匠授意造器具，凡几、榻、架、柜、盒之属，镌以铭款，皆智巧绝伦"。《骨董琐记》载巧匠严望云："为天籁阁制诸器，如香几小盒等，至今流传，作什袭古玩。"清顺治乙酉（1645年），天籁阁毁于火，据传其藏品被千夫长汪六水所劫掠，散失殆尽。除了收藏的字画外，与项元汴相关的砚台、文玩，均有传世。

㉕ 梁清标（1620～1691年），字玉立，一字苍岩，号棠村，一号蕉林。明末清初著名藏书家、文学家，名列《贰臣传》。直隶真定（今河北正定）人，明崇祯十六年（1643年）进士，著有《蕉林诗集》《棠村词》等。精于鉴赏，长于书法，喜收藏图书，所藏法书、名画极多。刻有《秋碧堂法帖》，朱彝尊为他写有题记。时与北京孙承泽（字北海）并称两大藏书家。孙承泽精于收藏经、史类书籍，他则富于收藏子、集类图书。在正定城内筑有书楼"蕉林书屋"，专以藏书画、古籍，积书多至数十万卷，收藏典籍字画，所藏历代法书、名画尤为珍贵。有"项（元汴）家'蕉窗'梁'蕉林'，图书之富甲古今"之称。"蕉林书屋"为当时文人雅士聚集之所。藏书印有"梁清标印""棠村""河北棠村""蕉林""蕉林书屋""苍岩子""冶溪渔隐""玉立氏印章""观其大略""家在北潭""净心抱冰雪""无垢"等。一说"蕉林"为明代睢阳袁枢藏书印，《松桂堂帖》和《正定兴宁志序》中"蕉林"印均在袁枢印序列内。

㉖ 周亮工（1612～1672年），字符亮，又有陶庵、减斋、缄斋、适园、栎园等别号，学者称栎园先生、栎下先生。明末清初文学家、篆刻家、收藏家。河南祥符（今河南开封）人，后移居金陵。明崇祯十三年（1640年）进士，官至浙江道监察御史。入清后历仕山东潍县令、盐法道、兵备道、布政使、左副都御史、户部右侍郎等，一生饱经宦海沉浮，曾两次下狱，被劾论死，后遇赦免。生平博极群书，爱好绘画篆刻，工诗文。著有《赖古堂印谱》《读画录》等。

㉗ 完颜衡永（1881～1965年），汉姓王，字湘南，别号寸园酒仙。《鸿雪因缘图记》作者完颜麟庆之孙，《三虞堂书画目》作者完颜景贤叔父，全世宗后裔，家藏精富，民国年间北京（北平）著名鉴赏家。与溥儒、张伯驹等多有过从。后入中央文史研究馆。擅画花卉，尤工墨梅。著有《双梅花龛诗稿》。中国国家博物馆所藏天下第一《刘熊碑》即为其家藏宝物。

㉘ 秦大士（1715～1777年），字鲁一，号涧泉，又号秋田老人，江苏江宁（今江苏南京）人。乾隆十二年（1747年）丁卯乡试中举，官至侍讲学士。少时聪睿颖异，十岁即能文章。稍长，善书，篆、隶、行、草俱佳，尝以卖字为生，四方求字者络绎不绝。秦大士为人端正，不苟且取容。为人有气节，尝有"我在人前愧姓秦"之咏。工诗，常与袁枚、蒋士铨相往来。

其书法直逼欧、柳。晚年致力于绘画，长于画竹，名重一时。时人称其诗、书、画为"三绝"。著有《蓬莱山樵集》《抹云楼集》等。

㉙ 何焯（1661～1722年），字润千，因早年丧母，改字屺瞻，号义门、无勇、茶仙，晚年多用茶仙，江苏长洲（今江苏苏州）人，寄籍崇明，为官后迁回长洲。先世曾以"义门"姓，学者称义门先生。清代著名学者、书法家。何焯与笪重光、姜宸英、汪士铉并称为康熙年间"帖学四大家"。当时人争索何书，更有好事者以重金争购其手校本。

㉚ 余甸，字田生，初名祖训，字仲敏，改名甸，字田生，晚更号芳初，又字修吾，福建福清人。顺治十二年（1655年）出生，南平籍人，移居福州南台钓龙台畔。康熙四十五年（1706年）进士。巡抚张伯行开创鳌峰书院，延聘余甸前往主持。历官四川江津（今重庆江津）等地，敢于触怒年羹尧，"直声满天下"。官至顺天府丞。余甸的书法、文章皆冠绝一时，又喜欢收藏砚台。雍正十年（1732年），山东蒲台县知县朱成元送礼簿事发，被指称收银二千余两，与黄炳、博尔多同判绞绞候，遂夺官，曾因写对联出事下狱，不久病逝。著有《千卷楼集》。

㉛ 成多禄（1864～1928年），吉林人，原名恩龄，字竹山，号澹堪，著名书法家。精诗文，工书法、诗词、文稿，墨迹遍及东北三省，驰名全国，被誉为"吉林三杰"之一。民国初年任吉林省第二届参议院议员，民国教育部审核处处长，且为官清廉，被群众誉为"清廉太守"。

㉜ 金城（1878～1926年），近代书画篆刻家。原名绍城，字巩伯，一字拱北，号北楼，又号藕湖，别署藕庐、渔隐。浙江吴兴（今浙江湖州）人。幼即嗜画，兼工书法篆刻及古文辞。早年留学英国学习法律，毕业归国，并赴美、法考察法制，兼及美术。曾任上海会审公廨襄谳委员，旋改京曹，赴美充英国监狱改良会代表。民国成立，任众议院议员，国务院秘书。于1920年创办中国画学研究会，并筹设中日绘画联合展览会。1926年逝于上海。从学弟子创"湖社"以志永念，并各人以湖字命名，形成画派。自刻印辑有《藕庐古铜印存》《金拱北印谱》等。著有《藕湖诗草》《北楼论画》等。

㉝ 李光地（1642～1718年），字晋卿，号厚庵、榕村，福建安溪人。康熙九年（1670年）进士，选庶吉士，授编修，官至文渊阁大学士。勤于治学，著述丰富，有《周易通论》《周易观象大旨》等。

㉞ 陈宝琛（1848～1935年），字伯潜，号弢庵、陶庵、沧趣老人、听水老人，福建闽县（今福建福州）人。晚清大臣、学者，刑部尚书陈若霖曾孙。同治七年（1868年）考中进士，授翰林院庶吉士，历任编修、翰林侍讲。直言敢谏，连同张之洞、张佩纶、宝廷成为"枢廷四谏官"。出任江西学政，累迁内阁学士、礼部侍郎。中法战争后，推举的唐炯、徐延旭办事不力，坐罪降职。回乡赋闲，发展家乡教育事业。宣统元年（1909年）调入京城，充任礼学馆总裁、内阁弼德院顾问大臣、正红旗汉军副都统，成为宣统帝溥仪的师傅，监修《德宗实录》。工书法，学黄庭坚，又擅画松。

㉟ 沈麐，字天麑，号菱庵。浙江秀水（今浙江嘉兴）人。少孤，事母孝。性慧敏，博通载籍，工诗文，尤邃于词。明末，遁迹于武林天目九峰三泖间，专事著述。有《籁阁词笺》《琴啸轩乐府》《旅词》《禽言》《缤安诗集》《菱庵文集》。

㊱ 徐咸清（？～约1689年），字仲山，浙江上虞人，清初诗人。明兵部尚书徐人龙次子（据《南疆逸史》记载），绍兴蓬莱诗社创始人之一。少岁慧悟，一岁能识字，五岁通一经，年未束发，已有文名于时。康熙十八年（1679年）举博学鸿词，罢归。在都时，大学士李霨工小学，与论字，辨诘是非，深为折服。友毛奇龄将他比作西汉经学家王吉。徐咸清洞精字学，又博极坟典。著《小学》一书，博取《训纂》《说文》《玉篇》《玉海》诸书，以正字形；取《切韵》《唐韵》《广韵》《集韵》诸书以正字声。而纵经史子集及唐宋元诸大小篇帖，凡有系于释文者，悉搜采以正字义。合若干卷，名之曰《资治文字》一百卷，毛奇龄称其"订证之确，引据之博，为古今巨观"。

㊲ 万斯同（1638 ~ 1702 年），字季野，号石园，门生私谥贞文先生，浙江鄞州（今浙江宁波）人。清初著名史学家，康熙间荐博学鸿词科，不就。精史学，以布衣参与编修《明史》，前后十九年，不署衔，不受俸。《明史稿》五百卷，皆其手定。著有《历代史表》《纪元汇考》《儒林宗派》《群书疑辨》《石园诗文集》等。

㊳ 焦友麟，字子恭，号铁珊，又号笠泉，山东章丘人。道光癸巳（1833 年）进士，历官刑科给事中。有《鉴舫诗存》。

㊴ 宋铁莽（1791 年～？），相传为浙江青田人。

㊵ 蒲松龄（1640 ~ 1715 年），字留仙，一字剑臣，别号柳泉居士，世称聊斋先生，自称异史氏。山东淄川（今山东淄博）人。清代文学家，短篇小说家。

㊶ 吴祖谦，字鹿柴，号韦斋，浙江钱塘（今浙江杭州）人。农祥从子。康熙间官浙江桐庐训导。

㊷ 赵国麟（1673 ~ 1751 年），字仁圃，山东泰安人，清朝官员。康熙四十八年（1709 年）进士。后曾任长垣知县、永平知府、福建布政使、福建巡抚、刑部尚书、文渊阁大学士、礼部尚书等。乾隆八年（1743 年）返回故里。乾隆十五年到京师为乾隆帝祝寿，赐礼部尚书头衔。

㊸ 林佶（1660 年～？），字吉人，号鹿原，福建侯官（今福建福州）人。林侗之弟。清代诗人、官员。林佶少时即以才学闻名乡里。康熙四十四年（1705 年），林佶以举人献《日月合璧五星联珠赋》及手写御制诗集，召试入值武英殿。后修书三馆。康熙五十一年特赐进士，授内阁中书，参与编修《古今图书集成》。雍正元年（1723 年）因受牵连下狱，放归。林佶工书能诗，其楷书妩媚而有风骨，风行一世，亦擅篆隶。家中藏书甚丰，每遇善本，不惜破产以求。曾从汪琬学文，又从陈廷敬、王士禛学诗。其诗以应酬唱和者为多。著有《朴学斋诗稿》《文稿》等。

㊹ 董汉禹，字沧门，康熙年间福建闽中人，擅写松竹，精制砚，工篆刻，与同时代雕刻大师杨玉璇、魏汝奋等齐名，盛极一时，多有作品进贡朝廷，开清早期砚石、寿山雕刻一时之貌。其雕刻艺术深为黄任所赏识，曾被黄任聘于府中制砚刻印多年，其作品传世甚少。黄任《秋江集》中题林涪云陶舫砚册后有“董生病后杨生殁，谁复他山我错攻”诗句。

㊺ 谢道承（1691 ~ 1741 年），字又绍、古梅，别署种芋山人，福建闽县（今福建福州）人。清康熙六十年（1721 年）进士，选庶吉士。雍正元年（1723 年）授翰林院编修。雍正三年辞官还乡。与里中名士陈星斋、黄任等人在法海寺结社，作诗唱和。雍正六年续修《福建通志》，任总纂，设志局于法海寺，历时九载，于乾隆二年（1737 年）成书，共 78 卷，分 36 类，是清代第二部福建省志，世称《乾隆志》。记载翔实，内容较《康熙志》多十分之三，特别是海岛一门，记载琉球、苏禄与中国交往情况颇详；艺文志也搜罗许多少见的诗文。谢道承工诗，学白居易，多写实之作，诗句通俗易懂，所作《南台折枝词》10 首、《洪塘折枝词》7 首，皆脍炙人口。擅书法，以褚体见长。乾隆三年入京授太子中允、侍读，国子监祭酒。居监内，讲正学，斥浮华，太学风气为之一变。后升内阁学士兼礼部侍郎，诸生挽留，遂仍兼国子监祭酒。卒于任上，归葬福州西北平潭山。有《二梅亭集》《小兰陔诗集》《砚史》《汉魏碑刻纪存》传世。

㊻ 黄任（1683 ~ 1768 年），字于莘，又字莘田，因喜藏砚，自号十砚老人、十砚翁，诗人，藏砚家，福建永福（今福建永泰）人。工诗善书，尤有砚癖。康熙四十一年（1702 年）举人，官广东四会知县，罢官归，船中所载唯砚石。归里后生活清苦。工诗，以轻清流丽为时人所称，七绝尤负盛名。著有《秋江集》《香草笺》。

㊼ 朱彝尊（1629 ~ 1709 年），字锡鬯，号竹垞，又号金风亭长、醧舫。晚号小长芦钓师，浙江秀水（今浙江嘉兴）人，清代文学家、词人、学者、藏书家。早年朱彝尊为布衣，致力于古学，博极群书，客游南北，专事搜剔金石。顺治七年（1650 年）赴嘉兴南湖十郡大社。顺治十三年朱彝尊受广东高要县知县杨雍建之聘南下，为曹溶选录《岭南诗选》。此后，漫游江浙、陕西、山东、京师各地，佐幕为生。康熙十八年（1679 年）应试博学鸿词科，以布衣授翰林院检讨，与修《明史》。康熙二十年出典江南乡试，次年入直南书房。康熙二十三年因违例携仆入内廷抄书被弹劾罢官。康熙三十一年，罢官归里，专事著述。朱彝尊博赡渊雅，在学术上，他的贡献遍及经学、史地学、文学以及目录学等领域。所撰《经义考》，是中国古代第一部经学专科目录。在诗、文、词的创作以及理论上更是成就卓著，深刻影响后世。其诗以才藻魄力称盛，当时与王士禛齐名，称“南朱北王”。朱彝尊为浙派诗开山祖师，与查慎行同为浙派初期两大家。其词讲求醇雅，力挽明词颓风，当时与陈维崧齐名，称为“朱陈”，曾合刊《朱陈村词》，并开创浙西词派，在清代词坛居于领袖位置。其著作有《经义考》《日下旧闻》《明诗综》等。

㊽ 王士祯（1634 ~ 1711 年），原名王士禛，字子真，一字贻上，号阮亭，又号渔洋山人，世称王渔洋。山东新城（今山东桓台）人。清初诗人、文学家、诗词理论家。清顺治十五年（1658 年）进士。官至刑部尚书，颇有政声。王士祯在实践“神韵说”，取得卓著诗文成果的同时，还能突破正统文坛和文人偏见，重视和高度评价小说、戏曲、民歌等通俗文学、文体。他的主要成就在诗文创作与理论方面，但在小说、戏曲、民歌、书画、藏书、史论等方面所取得的成就亦不容忽视。

㊾ 袁枚（1716 ~ 1798 年），字子才，号简斋，晚年自号仓山居士、随园主人、随园老人。浙江钱塘（今浙江杭州）人，祖籍浙江慈溪。清朝诗人、散文家、文学批评家和美食家。

㊿ 罗聘（1733 ~ 1799 年），清代画家，“扬州八怪”之一。字遁夫，号两峰，又号衣云、花之寺僧、金牛山人、师莲老人等。祖籍安徽歙县，其先辈迁居扬州。为金农入室弟子，布衣，好游历。

(51) 高凤翰（1683 ~ 1749 年），字西园，号南村，自号南阜山人，山东胶州人。曾任安徽歙县县丞，去官后流寓扬州。擅画山水、花卉。山水师法宋人，近赵令穰、郭熙一派。55 岁左右，右手病痹后，书画篆刻全改用左手，更号“尚左生”，刻印“丁巳残人”。其画具有宋人雄浑之神、元人静逸之气。

(52) 彭元瑞（1731 ~ 1803 年），字掌仍，江西南昌人。清政治家、文学家、书法家和画家，被誉为“江南才子”。其自幼聪颖，十岁能作诗，十二岁应童子试，十六岁中秀才。文学造诣深厚，他的诗歌风格清新自然，充满生活气息。他的书法作品刚劲有力，绘画作品则富有诗意，被誉为“诗中有画，画中有诗”。在艺术领域中，他也是一位杰出的鉴赏家和收藏家。家中收藏了大量珍贵的书画、瓷器等文物，被誉为“江南第一收藏家”。

(53) 阮元（1764 ~ 1849 年），江苏仪征人。字伯元，号云台、芸台，藏书楼名“文选楼”“琅嬛仙馆”等，乾隆五十四年（1789 年）进士，授编修，历官浙江、江西巡抚，湖广、两广、云贵总督，道光朝拜体仁阁大学士。创办学海堂、诂经精舍，主持文坛数十年。精鉴别，工金石考证。刊刻《宋本十三经注疏》，著有《两浙輶轩录》《积古斋钟鼎彝器款识》等。

(54) 万其誼，字正甫，晚号二知老人，河北景县人，光绪丁酉（1897 年）拔贡，光绪丙午（1906 年）考入北京陆军大学，曾就读于保定军官学堂第一期。中华民国陆军中将。著有《困香楼印存》《说剑庵藏砚》等，喜收藏。万氏家财巨富，在济南后宰门街今仍存万家大院建筑群。

(55) 杨以增（1787 ~ 1855 年），清代藏书家。字益之，号至堂，别号东樵。山东聊城人。出身诗书世家，17 岁入县学，道光二年（1822 年）中进士。初在贵州任荔波县知县，后任松桃直隶厅同知、贵阳府知府。

(56) 史贻直（1682 ~ 1763 年），字儆弦，号铁崖，江苏溧阳人。史夔子、史贻谟兄。康熙三十九年（1700 年）进士，授检讨，康熙五十年云南乡试主考，五十年广东学政。雍正八年由吏部左侍郎升左都御史，后历兵部、户部、刑部、吏部尚书。

(57) 裘曰修（1712 ~ 1773 年），字叔度，一字漫士，江西南昌人，清代名臣，文学家、水利专家。曾为豫章书院学长，师从豫章书院山长梁机先生。

58 杭世骏（1695～1773年），清代经学家、史学家、文学家、藏书家。字大宗，号堇浦，别号智光居士、秦亭老民、春水老人、阿骏，室名道古堂，浙江仁和（今浙江杭州）人。工书，善写梅竹、山水小品，疏淡有逸致。生平勤力学术，著述颇丰，著有《道古堂集》《榕桂堂集》等。

59 观保（1711～1776年），字伯容，号补亭、蕴玉，索绰罗氏，满洲正白旗人。工书法。乾隆丁巳（1737年）进士，改庶吉士，授编修，累官礼部尚书，罢再起，授左都御史。谥文恭。

60 包拯（999～1062年），字希仁，庐州合肥（今安徽合肥）人。北宋政治家。因曾任天章阁待制、龙图阁直学士，故世称"包待制""包龙图"，谥孝肃，后世称其为"包孝肃"。包拯审案明察，执法严峻，不畏权贵，不徇私情，清正廉洁，令行禁止，有"包青天"及"包公"之名，京师有"关节不到，有阎罗包老"之语。身后成为家喻户晓的清官典型。南宋和金朝时已有以包拯为主题的故事、小说和戏曲，元剧中有大量包公戏，后有小说《包公案》流行于世。有《包拯集》传世。

61 广玉，字桂亭，满洲正白旗人，活跃于乾隆嘉庆年间。翻译生员出身，历任内阁中书、理事通判，昌吉、阜康、陇西等地知县，官至浙江布政使、护理浙江巡抚。乾隆五十九年（1794年）知肇庆府，嘉庆元年（1796年）监工开采端溪大西洞砚石，大西洞是明万历前以后开采的一处名坑，由于其储量少、开采难，所制砚品深得藏家青睐。据统计，有清一代只开采过十余次，广玉即占其一。著有《开坑记》。

62 陈寿祺（1771～1834年），清代儒学家。字恭甫、介祥、苇仁，号左海、梅修，晚号隐屏山人，福建侯官（今福建福州）人。嘉庆四年（1799年）进士，十四年充会试同考官，父母殁后不出仕，主讲鳌峰、清源书院多年，有《左海全集》。嘉庆八年还京销假，翌年任广东乡试副考官。

63 姚元之（1773～1852年），清代官员、书画家。字伯昂，号荐青，又号竹叶亭生，晚号五不翁，安徽桐城人。嘉庆十年（1805年）进士，官至左都御史、内阁学士。善画人物、果品、花卉，书法尤精隶书。姚元之与崔旭、梅成栋皆出自清代著名诗人张问陶（号船山）门下，合称"张门三才子"，是少见的人物、山水、花鸟皆能的士大夫画家，时人尊为"乾嘉十六画人"之一。小红鹅馆为姚元之的斋号。

64 翁大年（1811～1890年），初名鸿，字叔均，号陶斋，江苏吴江（今江苏苏州）人，翁广平之子。清代著名篆刻家。

65 孔宪彝（1808～1863年），字叙仲，号绣山，一号秀珊，又号韩斋，道光十七年（1837年）丁酉科举人，内阁侍读，诰授中宪大夫。山东曲阜人，孔子第七十二代传人。孔宪彝"少师事李宗传，为桐城古文学，又从盛大士、阮元游，学益进。居京城久，时与魏源、曾国藩、何绍基、苏廷魁、严良训、彭蕴章诸耆宿切劘讲习，往往一会至数十人，其宜学之无不通，而诗文之体无不备也"。著有《孔叙仲诗草四种》《对岳楼诗录》《续录》《韩斋文稿》，选辑《阙里孔氏诗抄》《曲阜诗抄》。

66 张燕昌（1738～1814年），字文鱼，号芑堂，又号金粟山人，浙江海盐人。精金石篆刻、绘画、竹木雕刻等。

67 定敏亲王载铨（1794～1854年），弘历裔孙，奕绍第一子。嘉庆二十一年（1816年）封二等辅国将军；道光三年（1823年）晋二等镇国将军；十五年进封辅国公，授御前大臣、工部尚书、步军统领；十六年袭定郡王爵。道光末年，受顾命，是清道光时期的宠臣，声名显赫，权重一时。载铨雅好收藏，在清代道光、咸丰二期设计定制了大量的艺术品，作品制作之精、门类之广俨然可比一个"小造办处"，其定制的种类极为丰富，包括了陶瓷、寿山石、玉器、宣炉、紫砂壶等多个门类，都是皇亲贵戚使用的器物。器身皆署有"行有恒堂主人制""行有恒堂主人""定邸清赏"等铭。所定制之器物，技艺娴熟，制作精良，皆为佳品，并具有宫廷御用的风格。

68 汪懋麟（1639～1688年），字季角，一字蛟门，号觉堂。江都（今江苏扬州）人。康熙六年（1667年）进士，授内阁中书，迁刑部主事。康熙十七年荐试博学鸿词，丁忧未终制，辞之。再论荐，充《明史》纂修官。遇勒罢归。曾师事王士祯，与同里汪楫齐名"二汪"。喜学韩愈、苏轼，亦工古文，质坚气厚。清康熙年间诗坛十才子之一。撰述宏富，有《百尺梧桐阁集》等。"十二砚斋"为汪懋麟之斋名。

69 彭其年（1900～1968年），四川遂宁人，上海大学毕业。曾任成华大学教授，成都《民声报》总编。1961年入四川省文史研究馆。

70 施孝长（1891～1974年），号磊公、白雪老人、宋丁、墨池上人，江苏溧阳人。明末画家查士标后代，随祖辈迁蜀定居成都。自幼从祖母查氏学习绘画、诗歌。1953年被聘为四川省文史研究馆馆员、成都国画组成员。

71 康绍镛（1770～1834年），字铸南，号兰皋。山西兴县人，江西广信知府基渊子，嘉庆四年（1799年）进士，历抚安徽、广东、广西、湖南四省。道光十年授光禄寺卿。

72 付琼：《李兆洛与合河康氏家塾刻书事迹考述》，《东疆学刊》2007年第3期。

73 《清史稿》第一百六十八卷。

74 陈大玠（生卒年不详），清初官吏。字元臣，号笋湄，福建晋江笋江（今福建泉州）人。倡建京城泉州会馆。官至太常寺少卿。所著《笋湄内篇》《四书文初稿》《诗集文集》《宰邑治谱》《台垣奏草》《恭和诗》《经史讲义》等书，见清道光版《晋江县志·典籍志》。

75 邱启寿，生平典籍不传。《两广总督部堂兼署广东巡抚署院张为开采砚石以备贡品事碑》有"除札委通判启寿前往肇庆，会同府县查照"之记载，知为通判，属省级官员。另见《紫石凝英》一书中李遇春《重论水岩与下岩》云："见广东省博物馆藏道光十七年（1837年）版《端溪砚史》的扉页上，钤有'研务官'朱文长方印、'邱启寿庚寅年亲到水岩采石制砚'朱文长方印"，"可见'研务官'之设，始于张之洞，邱启寿就是第一位专职砚务官。"

76 文震孟（1574～1636年），初名从鼎，字文启，或作文起，号湛持，一作湛村。南直隶长洲（今江苏苏州）人，文徵明曾孙，明代诗人、书法家、大臣。文震孟为官刚直有节，与姚希孟、顾宗孟称"吴中三孟"。《千顷堂书目》著录其《药园诗稿》。所著刊本仅存明刻《药园文集》。存稿本有《文文肃公日记》《北征纪行》《覉史》。

77 徐世襄（1886～1941年），字君彦，号朴园，天津人。民初总统徐世昌之堂弟，北洋政府时任山东海关监督。徐世襄精于篆书，笔法娴熟练达，笔到意到，开展合度，具有安详畅达之美。

78 柳如是（1618～1664年），本姓杨，名爱，改姓柳，名隐。后改名是，字如是，又称河东君，又号蘼芜君、影怜、我闻居士，浙江嘉兴人。明朝大才子钱谦益侧室，明末清初女诗人。

79 万树（1630～1688年），字红友，一字花农，号山翁、山农，明末清初常州府宜兴（今江苏宜兴）人，清初著名诗人、词学家、戏曲文学作家。明末戏曲作家吴炳的外甥。

80 顾二娘，南直隶吴门（今江苏苏州）人，姓邹氏，琢砚名家，约活跃于康熙晚期至雍正年间。她的公公为顺治年间姑苏城里的制砚名家顾德麟。顾德麟将技艺传给其子顾启明，可惜其子早逝，只好由顾二娘继承重任。顾二娘承袭了顾德麟刻砚之古雅，再糅合了纤巧、雅致的风格。其所刻之砚台，以三至五寸之小品砚台为多。

81 金农（1687～1763年），字寿门、司农、吉金，号冬心先生、稽留山民、曲江外史、昔耶居士等，因历经康熙、雍正、乾隆三朝，所以自封"三朝老民"的闲号，浙江钱塘（今浙江杭州）人。布衣终身。清代书画家，"扬州八怪"之首。他好游历，卒无所遇而归。晚寓扬州，卖书画自给。嗜奇好学，工于诗文书法。诗文古奥奇特，并精于鉴别。书法创扁笔书体，兼有楷、隶体势，时称"漆书"。53岁时才开始画，其画奇古，善用淡墨干笔作花卉小品，尤工画梅。著有《冬心诗集》《冬心随笔》《冬心杂著》等。

⑧ 钱大昕（1728～1804年），字及之，一字晓征，号辛楣、竹汀，上海嘉定人。乾隆十五年（1750年）举人，授内阁中书，十九年进士，二十二年授编修，历官多省。以父丧致仕。先后主讲南京钟山书院，娄东书院。精研经史、音韵、典章、金石等。并兼通中西历算。一门父子、兄弟名重当世，有"九钱"之称。工书法。

⑧ 傅玉露，清康熙年间进士，荐举鸿博，著《玉笋山房集》。

⑧ 赵在田，字光中，号谷士，福建闽县（今福建福州）人。嘉庆四年（1799年）进士，授编修，历任广东主考官、顺天同考官、御史、刑部郎中，道光十三年（1833年），迁福建布政使护理巡抚，调江西布政使。先后主持道南、撷英、南浦等书院。后主讲厦门玉屏书院，继主持省府凤池书院十四年。好蓄古砚及碑版文字，聚书万余卷。

⑧ 程涴，字箕山，号岸舫，顺天宛平（今北京）人，《历代画史汇传》作广信（今江西上饶）人。顺治六年（1649年）进士，官江西广信知府。山水洒落浑厚，松石有别致。

⑧ 蔡襄（1012～1067年），字君谟。兴化军仙游县（今福建仙游）人。北宋官员、书法家、文学家、茶学家。宋仁宗天圣八年（1030年）登进士第，先后任馆阁校勘、知谏院、直史馆、知制诰、龙图阁直学士、枢密院直学士、翰林学士等职，累赠少师，谥忠惠。在朝为谏官时，以直言著称。后数度外出，历知泉州、福州、开封府事，所到之处皆有政绩。在福州时，去民间蛊害；在泉州时，主持建造洛阳桥；在建州时，倡植福州至漳州七百里驿道松，提倡制作北苑贡茶"小龙团"。

⑧ 许均，字叔调，号雪村居士。福建侯官（今福建福州）人，康熙戊戌（1718年）进士，授庶吉士，改部属，以礼部祠祭司郎中奉使江南。

⑧ 虞潢，字已凡，号倚骊，一号西湖，晚号师竹老人。浙江杭州人，流寓直隶之魏县，廪生。工书，张廷玉荐授翰林院待诏，书名遍都中。

⑧ 遂初堂，宁寿宫花园中轴线上建筑，古华轩后，为宁寿宫花园第二进院落的主体建筑。建于清乾隆三十七年（1772年），嘉庆、光绪年间重修。另外，南宋尤袤、清代潘未的藏书之所亦名遂初堂。

⑨ 黄树谷（1701～1751年），字培之，号松石、景山。清代书法家黄易之父。浙江仁和人，一说浙江钱塘（今均属浙江杭州）人。

⑨ 曹秀先（1708～1784年），字恒听，又字芝田、冰持，号地山。江西南昌人。清代翰林，文学家、书法家。为官清廉，人称"诚敬敏慎"。为《四库全书》馆总裁，乾隆帝曾特赐"紫禁城骑马"的特殊待遇。书法取法钟、王，自成一家。

⑨ 金甡（1702～1782年），字雨叔，号海住。浙江仁和（今浙江杭州）人。会试、殿试连中二元。乾隆七年（1742年）状元，授翰林院修撰。乾隆九年任广东乡试主考官，十二年任顺天府乡试同考官。乾隆二十二年升詹事，入值上书房。乾隆三十年出任江西学政，后升为内阁学士、礼部侍郎。三十八年以病辞官。

⑨ 梁同书（1723～1815年），清代书法家。字元颖，号山舟，晚年自署不翁、新吾长翁。浙江钱塘（今浙江杭州）人。大学士梁诗正之子。乾隆十二年（1747年）举人，十七年特赐进士，官侍讲。博学多闻，擅鉴别前人手迹，过眼辄判其真伪。工诗善书。富藏书，藏宋、元、明三朝珍善之本，唐人画轴，明人山水、人物不下数十种。

⑨ 周叔弢（1891～1984年），名明道，又名遹，号秋浦，又号弢翁，字叔弢，以字行。近代政治家、实业家、古籍收藏家、文物鉴赏家，曾任第六届全国政协副主席。

⑨ 方朔（1817～约1872年），字小东，号果斋，又号颛仙，安徽怀宁人，清代书法家。筑室于金陵，自名其堂为枕经堂。方朔学宗程颢、朱熹，文宗方苞、姚鼐，又与梅曾亮、朱琦、戴均衡相切磋，其文入理深而出笔古，文格谨严，体裁法度于纵横排荡中具平实温醇之度；又好金石篆刻之学，是邓石如再传弟子，隶法直追两汉。

⑨ 陈煜，字朗山，号阆陵，生于清道光年间，咸丰朝由秀才而贡生。

⑨ 周文都（1879～1937年），原名树勋，又名超然，字沫丞、宽序，号缘督、石厂、石隐，斋号为求自慊斋，浙江山阴（今浙江绍兴）人。周敦颐第三十一世孙。宣统年间出任绍兴汤公祠自治研究所所长，后任吴兴县地方法院首席检察官、绍兴县箔税局总务科长。著有《石厂印谱》《求自慊斋印稿》。

⑨ 陈端友（1892～1959年），江苏常熟人，海派砚雕开山之祖，享有近代琢砚艺术第一大师的称誉。

⑨ 张效彬（1882～1968年），名玮，字效彬，号敔园，河南固始人。曾留学英国剑桥大学学习经济学，回国后任教于京师法政新学堂。北洋政府时期，曾出使俄罗斯，先后任赤塔领事、伊尔库兹克总领事、彼得堡总领事，十月革命后回国。富收藏，曾建私人博物馆。书法宗北碑，楷书尤精。其父为清末进士张仁黼。

⑩ 许修直（1881～1954年），原名卓然，字西溪，晚号百砚室主人，江苏无锡人，藏砚名家。早年就读于中国公学，后留学日本中央法科大学，加入同盟会。历任江苏及浙江司法官和法政学堂教习、大理院推事、交通部参事、印铸局局长、国民政府内政部次长、临时政府行政委员会调查部部长等职。抗日战争期间曾任汪精卫政权的伪北平市市长。

⑩ 易大厂（1874～1941年），原名廷熹，旋易名孺，号季复、魏斋、韦斋、孺斋、屯公、念公等，广东鹤山人。精研书画、篆刻、碑版音韵、文字源流、乐理等，为陈兰甫嫡传弟子。曾任暨南大学、国立音乐学院教授，印铸局技师等。

⑩ 路大荒（1895～1972年），原名鸿藻，曾用名路爱范，字笠生，号大荒，别号大荒额山人、大荒堂主人，山东淄川（今山东淄博）人。聊斋学研究先驱，曾担任山东省图书馆副馆长，著名学者。

⑩ 刘建庵（1917～1971年），原名刘殿卿。山东邹平人。幼习画，后考入上海新华艺专学习。是全国木刻界早期领导人之一。作品有插图《阿Q的造像》《高尔基童年》等。

⑩ 朱季海（1916～2011年），名学浩，江苏苏州人。当代国学大师、学者。是章太炎最小的弟子，深为章太炎所器重，称其为"千里驹"。精通英、德、日、法语和训诂考证之学。

⑩ 马玶林（1813～1881年），字仲玉，号西岗，晚号自在州民。以诗、书闻名于乡里。晚年著有《西岗诗草》，《辽阳县志》收录其诗多首。

⑩ 戚芸生（1749～1818年），字修洁，号馥林，戚序言独子。58岁绝而复苏，乃号余斋。戚芸生为余姚戚氏族人，与德清戚蓼生为同宗。虽与蓼生属同时期人，却为其曾孙辈。戚人铣的科举履历中有："曾祖芸生，廪贡生，试用训导，丽水县教谕，例授修职郎，章恩驰赠翰林院编修，例晋奉政大夫。著有《宝砚斋诗集》，事载《嘉庆府志·寓贤传》。"有关戚芸生的更详细的资料见其外甥钱仪吉《衎石斋记事稿》卷十《舅氏余斋先生墓志铭》。《宝砚斋诗集》现有传本。

⑩ 陈鳣（1753～1817年），字仲鱼，号简庄，又号河庄，别署新坡，浙江海宁人。清代学者、藏书家、校勘家。嘉庆三年（1798年）举人，在京师与钱大昕、王念孙等往来，博闻强识，精研文字训诂，长于校勘辑佚，被阮元称为"浙中经学最深之士"，藏书甚富，著有《续唐书》《论语古义》《简庄文钞》。

⑩ 钱仪吉（1783～1850年），初名逵吉，字蔼人，号衎石，又号新梧，一作心壶，浙江嘉兴人。自幼好诗文，年十二，效选体作《山赋》千言，张问陶见之，极称赏。嘉庆十三年（1808年）进士，改翰林院庶吉士。散馆，授户部主事，刑刑科给事中。累迁至工科给事中，罢归。任职清廉耿正，曾稽查户部官员郭林坦捐纳舞弊一案，严拒贿赂说情，秉公办理，受到舆论称赞。后因事降职，遂绝意仕进，于道光年间游广东，主讲粤东学海堂。晚年客居河南开封，主讲河南大梁书院凡数十年，培养不少人才。

⑩陈志宁，字康叔，浙江海宁人，工篆刻。上海工美 2022 年秋季拍卖会集胜专场 0044 号，名为"孙星衍、陈志宁篆书扇片"的拍品中便同时出现了馥林、志宁两个名字。一为"其言有补于世，不读非圣贤书。馥林先生正，孙星衍"；一为"右周器吴彝铭一百二字，临请馥林尊文教腕，陈志宁"。此拍品信息正与此砚中人名信息相互印证。

⑩《辞海》，上海：上海辞书出版社，1979 年。

⑪卢葵生（？～1850 年），名栋，字葵生，江苏扬州人。世代漆工，以漆砂制法名重一时。制作文玩器具，多种多样，造型精致，技艺高超。

所制器物今故宫博物院多有收藏。

⑫高翔（1688～1753 年），字凤岗，号西唐，又号犀堂、西堂、樨堂等，别号山林外臣，"扬州八怪"之一，擅画山水花卉，间作佛像人物，篆刻与汪士慎、丁敬齐名，又与高凤翰、潘西凤、沈凤并称"四凤"，著有《西唐诗钞》。

⑬沈能毅，号思明，斋室名双骏馆、思明斋、景行斋、暗香疏影楼，浙江桐乡人。

研究论文

略论历代古砚的艺术风格、制作概况以及发展前景

李宇翔

砚作为中华传统文化中的文房四宝之一，既是独特的书画工具，更是可以使用的文化载体。其在数千年的发展过程中，受到各历史时期的艺术风格和制作技艺的影响，是研究古代文化、艺术、历史的珍贵资料。由于科学技术的进步和发展，现如今的书画用砚正逐渐被其他书画工具所取代，这也在一定程度上影响了砚文化的传承和发展。本文在进行资料收集的基础上，简要梳理各历史时期古砚的艺术特点，阐述其发展脉络，并从挖掘历史文化内涵、引发大众对于中华砚文化产生认知与兴趣等方面进行简要分析。

一、砚文化的形成

砚，是中华文化在漫长的发展过程中创造出的传统文房用具之一，也是中国古代文明发展的实物见证之一。正所谓："笔砚精良，人生一乐。"历史上的文人雅士以及现如今传统书画的爱好者也都希望能够拥有一方具有艺术气息、人文价值的古砚。自新石器时代晚期的临潼姜寨等考古遗址开始，砚便顺应着历史发展的潮流，不仅成为中华文化、社会经济和审美意识的载体，同时也是集材质、雕刻、诗文、绘画、书法等多种艺术于一身的实用工艺美术品，并逐渐形成了别具一格的砚文化（图1）。

（一）砚的产生

砚的制作历史悠久，产生于新石器时代晚期，发展于两汉，成熟于唐，繁盛于宋，再度兴盛于明清时期。在早期的制作过程中，材料以石质为主，是传统书写与绘画中所使用的重要工具。古砚作为文化交流的载体与媒介，遂成为一门融汇历史、文学、雕刻、绘画、书法、金石等多方面内容的综合艺术，随着广大研究者、收藏者认识的逐步加深，社会各界对于历代古砚及砚学同样予以极大关注，其发展可谓既任重道远，又充满希望与活力。

（二）文献中的砚

随着各历史时期古砚的产生与发展，历代文人学者也对此作了相关记录（表1），久而久之

图1 在距今 6400～5690 年的临潼姜寨遗址中发掘的石砚、磨杵及矿物颜料　　　图2 清代道光年间刻本《端溪砚史》书影

表1　宋代以前文献中关于砚台的记述

序号	书（文章）名	作者	年代	体裁
1	《释名》	刘熙	汉代	训诂学专著
2	《西京杂记》	刘歆	汉代	笔记小说集
3	《晋书》	房玄龄 等	唐代	正史著作
4	《艺文类聚》	欧阳询 等	唐代	综合性类书
5	《初学记》	徐坚 等	唐代	综合性类书
6	《唐国史补》	李肇	唐代	史料笔记
7	《唐秀才赠端州紫石砚》	刘禹锡	唐代	七言古诗
8	《杨生青花紫石砚歌》	李贺	唐代	七言古诗
9	《李郎中自长沙赴行在余以紫石砚赠之》	韩偓	唐代	七言古诗
10	《以紫石砚寄鲁望兼酬见赠》	皮日休	唐代	七言古诗
11	《袭美以紫石砚见赠以诗迎之》	陆龟蒙	唐代	七言古诗
12	《瘗砚铭》	韩愈	唐代	散文
13	《旧唐书》	刘昫 等	五代	正史著作

便形成了独具特色的中华砚文化及砚学相关著作。历史上的综合性的砚学著作有宋代苏易简《文房四谱》之《砚谱》、米芾《砚史》、高似孙《砚笺》四卷①等著作，明代曹昭的《古砚论》、张应文《论砚》等书，以及清代朱栋《砚小史》、林在峨《砚史》、曹溶《砚录》及内廷所编著的《西清砚谱》等书。而单类砚种著作有宋代唐积《歙州砚谱》、叶樾《端溪砚谱》，清代则有高兆《端溪砚石考》、袁树《端溪砚谱记》、吴兰修《端溪砚史》（图2）等。民国时期的藏品图录有周庆云《周氏梦坡室藏砚拓本》、徐世昌《归云楼砚谱》、邹安《广仓砚录》、沈汝瑾《石

图 3　"长兴三年"款箕形砚，湖南博物院藏

友藏砚》。另外，宋张世南《游宦纪闻》、清梁绍壬《两般秋雨庵随笔》、沈廷芳《隐拙斋集》等文人笔记中也有与砚有关的记录。

（三）砚的鉴别与研究

与其他门类的文物艺术品相同，现存的历代古砚基本由传世品与出土品构成。出土品中以元代及元代以前的实物为主，而传世品中多见明清两代的实物。两者互相补充，即可构成一部相对完整的历代古砚发展史。通过研究新石器时代至汉代以前的出土研磨器和古砚，可知古砚最初的用途是研磨绘制彩绘陶器所需的矿物颜料。而由晋代古墓中出土的三足青瓷砚可以探知，当时青瓷被广泛烧制，也成为当时制砚的主要材料。在对考古出土品进行梳理后，我们可以对特定时期古砚的形制及工艺特点进行归纳总结，从而找出其时代特征与发展规律。

例如现藏湖南博物院的 1958 年湖南省长沙牛角塘五代墓中出土的一方铭刻"长兴三年"款箕形抄手砚（图 3），与 1964 年长沙赤岗冲五代墓中出土的铭刻"闻人"款紫石砚，在造型及工艺方面皆相同，即可作为此时期古砚的标准器[②]。

（四）历代砚文献

历代文献中与古砚有关的篇章，是前人对其的记录与总结，这对于研究古砚有着极大的借鉴意义。如唐代诗人李贺的《杨生青花紫石砚歌》中有"端州石工巧如神，踏天磨刀割紫云"[③]，除了道出唐代端州工匠采石制砚时克服重重困难的勇气与智慧，也从侧面说明了端砚在唐代已有开采制造的记录，为端砚采石制砚的时间划定了有文献记录的下限。再如，《旧唐书·柳公权传》载："常评砚，以青州石末为第一，言墨易冷，绛州黑砚次之。"[④] 宋代苏易简《文房四谱》载："柳公权常论砚，言青州石末为第一，绛州者次之。"[⑤] 从两段无独有偶的记录可知，自古以来盛产澄泥砚（用泥烧制）的绛州地区，其所生产的砚台，在唐代大书法家柳公权心中是不及山东青州所产的石末砚的，则可知所谓"青州石末砚"也是一种澄泥砚，于今山东青州地区出土品中有时可见。通过对与砚台乃至文房四宝相关的期刊、论文和专著进行研究与分析，我们对砚的历史、文化、造型特征以及制作工艺等有了相应的理解与认识。

二、历代古砚的艺术特点

（一）选材多样

中华大地自古便物阜民丰，历代古砚在材质上也呈现出种类纷呈的特点。石、陶、金、玉、木等等，不一而足，均可为砚。从石器时代到汉代，砚文化一直处于一种缓慢的发展状态，但是在这一段时期内，仍有各种类型的砚相继出现，除了通常所熟知的石砚以外，相继出现了陶砚、铜砚、漆砚等砚台。最为多见的石砚，皆为形状各异的石料加工而成。魏晋南北朝时，瓷砚开始出现，凭借其釉面光滑便于清理、胎质细腻便于研磨的特点广受欢迎。其外观多为圆形，有动物形足或蹄足，另见有器盖者（图 4）。

隋唐以降，砚不论是在取材还是造型上，与前代相比又有了很大的不同。一方面各地均有可以制砚的石材，各石种呈现出竞相争艳的情况；二是实用性强，可批量范制的陶瓷及澄泥砚渐成主流；三是由于工艺及审美的提升，玉砚（图见第 184 页）、水晶砚、铜砚、铁砚（图 5）均有少量生产制作，以满足定制类文房用具的特殊需求，同时也增添了不同品种，使古砚材质更显琳琅满目。正如米芾在《砚史》中所说，"人好万殊，而以甚同为公，甚不同为惑"，"器以用为功"，"石理发墨为上，色次之，形制工拙又其次"⑥，可见在选材上仍是以实用为主。

图 4　西晋青瓷砚，1953 年江苏宜兴周氏墓群出土，中国国家博物馆藏

（二）形制丰富

古砚在几千年的发展过程中，形制也逐渐变得丰富。两汉以来，材质各异、造型纷呈、工艺独特的古砚相继出现。在此前圆形砚的基础上，南北朝时期的古砚演变出一种砚面居中隆起、四周有蓄水凹槽的新型辟雍式砚，并逐渐成为中唐以前的主流砚式（五足青瓷辟雍砚，图见第4页）。又传东晋大书法家王羲之有紫金砚，其形如上窄下宽的"风"字，取五色灿然之意，也称作"风池砚"（图6）。流行于唐代的箕形砚（图7），系从古代生产工具箕斗演变而来，其砚面具有一定的斜度以便积墨，线条遒劲方折。在唐代箕形砚的基础上，某些砚底的双足加长为砚墙，逐渐演变为砚中经典的抄手砚（图8）。太史砚则是在抄手砚的造型基础上加以优化而来的，以合于官府、庙堂的大型书案之用，从而显得敦厚肃穆（图9）。以上五种也是流传时间较长、使用范围较广的几种古砚样式。

（三）线条洗练

新石器时代晚期，由于制作工艺原始，其制成的砚也较为简单粗糙。秦汉时期，尽管制砚技艺与此前相比有了大幅度的提升，但仍处于未臻成熟的初级阶段。到魏晋南北朝以后，由于手工业技术的不断提升，砚的制作技艺也获得了飞速的发展，其线条开始呈现优美形态。在唐代，砚的轮廓曲线状态较为明显，从其轮廓的形状和造型上来看，此时出现了箕形砚，其线条曲度呈现出一种柔和舒缓的特征（图10）。宋代古砚多造型别致、线条疏朗灵动。明代在此基础上，古砚制作技艺得到长足发展，造型各异的动植物及昆虫题材砚面世（歙石蝉形砚，图见第223页）。清砚在制作中出现了圆雕、镂空雕、浮雕等形式各样的雕刻技法，从而使雕刻技艺达到巅峰（端石镜形砚，图见第69页）。

图5　元代箕形铁砚（背面），上海博物馆藏　　　　图6　宋代风池砚，台北故宫博物院藏

240

图 7 唐代箕形端砚，天津博物馆藏

图 8 北宋长方形抄手砚，天津博物馆藏

图 9 宋代宣和八柱砚，台北故宫博物院藏

图 10 唐代箕形陶砚，故宫博物院藏

（四）装饰讲究

就装饰而言，新石器时代砚石作为生产工具，主要以实用为主，没有装饰；汉代造型独特、工艺精美的古砚相继出现，如洛阳考古博物馆所藏的透雕神兽纹石砚（图 11）。陶砚多呈圆形，同时样式各异、装饰精美、造型生动的砚也开始出现。魏晋南北朝时期的古砚中，以山西大同南郊北魏建筑遗址所出土的雕有各式动物、人物的石砚最为精美，砚面周边有耳杯形水池和方形笔掭，以及莲座笔插和联珠纹圆形笔掭，周身浮雕力士、云龙、朱雀、水禽衔鱼等图案，出土地点是北魏的皇家寺院——永宁寺旧址，其雕刻技艺非常精湛，或为北魏皇室所用之砚（图 12）。南方地区同时开始出现以弦纹、蹄足为装饰的青瓷砚。到了隋唐，砚的外形及制作工艺发生了巨大的改变，在古砚的造型及装饰方面，出现了山形（图 13）和龟形（图 14）两个品种的陶砚，从而向艺术品方面逐渐发展。在宋元时期，砚的外形及装饰都产生了新的风尚，装饰搭配呈现出一种朴素、简洁的装饰风格。明清时期，砚的制作工艺及技巧开始向观赏性方面进行转变，运用多种工艺技巧充分表现其艺术风格，开始呈现出多种工艺融合的作品，而其装饰亦趋于繁缛华丽（御铭仿宣和虎符砚，图见第 30 页）。

图11　汉代透雕神兽纹石砚，河南偃师出土，洛阳考古博物馆藏

图12　北魏石雕方砚，大同市南郊轴承厂北魏建筑遗址出土

图13　唐代十二峰陶砚，故宫博物院藏

（五）风格各异

由于各地制砚存在差异性，久而久之便形成了不同的艺术风格。古砚的艺术风格滥觞于唐宋，形成于明代，繁荣于清代。在此情况下，在后世出现了广东端砚雕刻技艺、徽派歙砚雕刻技艺以及苏州吴门地区雕砚等不同风格的制砚技艺。广东砚雕主要以上品端石雕刻为主要表现形式，多为浮雕或线刻，自明代开始，至清代渐趋成熟（端石砚板，图见第190页）。徽派以歙石雕刻为主要特征，由于歙石呈页岩板岩结构，因此工艺难度较高，在雕刻过程中，主要以浮雕和浅刻为主（歙石雕螭龙砚，图见第162页）。苏派，又可以称之为吴门派，主要是在吴门画派及松江画派艺术的影响下诞生的，以苏州顾氏砚雕为代表，所用砚材多为端石、蠖村石、澄泥等，并能够在制作过程中融合各种艺术风格（葫芦形泥砚，图见第201页）。

（六）砚铭艺术

古砚上刻制的砚铭，既是砚台独有的身份标识，又可通过其直观地看到一方古砚背后所承载的历史。此外，古人将砚铭作为自己为人处世的规范和准则。砚铭这种独特的文学题材与砚雕艺术相互交融，共同营造了丰富多彩、灿烂多姿的砚文化艺术。历代文人墨客皆在砚上雕刻砚铭，流风所及也曾影响清宫内廷，乾隆皇帝曾多次以御铭砚赏赐近臣（歙石御铭仿宋德寿殿犀纹砚，图见第24页）。除此以外，砚铭还是文人士大夫在得意或者失意之时，通过将内心寄托和心中感想刻在砚台上以宣泄情感的一种方式。总体来看，砚铭是砚文化中的一个特别的分支，是一种文化现象、历史积淀，在特定的时期能体现出自身的文化、历史和时代特征。

三、历代制砚的基本概况

（一）先秦时期制砚概况

在先秦时期，颜料及墨块的质地较为脆弱，需将其置于类似操作台的磨盘上，并借助研磨石、磨棒等对其进行研磨才能使用。为便于操作，平面磨盘上出现了被刻意制作的凹槽，从而塑造出砚的基本形制。就目前发现和出土的研磨器而言，研磨器大多被发现于新石器时代的遗址中。从客观上来讲，这种与砚功用相似的石器，多未加装饰，制作工艺较为简单，可见仅作为一般工具来使用。

（二）汉代制砚概况

自汉代开始，以松烟、胶及其他添加物为主要材料的丸形、饼形人造墨大量出现。研墨的方式由之前的"磨"变为"研"。东汉时期纸张的日渐使用，也给砚的发展带来了一定的推动力量。在这种情况下，有足的、带有刻纹的砚台相继开始出现，因此也可看出汉代制砚技艺较此前有了相应的提高。而除西汉时期常见的漆砚外（图15），东汉时还有以金属材质并采用鎏金技法制作的铜砚。用金和水银混合成的金汞剂均匀地鎏抹在砚盒的表面，再用火烤，使金汞剂中的水银蒸发而金牢固地依附在盒面，并用工具压磨抛光。此外，经考古发现的兽形金属砚遍体鎏金，并以各色宝石镶嵌，为此时期古砚中难得的杰作（图16），代表了东汉时期鎏金镶嵌技艺。

（三）魏晋南北朝时期制砚概况

魏晋南北朝时期，砚的制作除继续以石、陶、金属为材料外，还出现了瓷砚这一新品类。其砚形有圆形、长方形、"风"字形，并有多足。这一时期，可说是砚得以定型的阶段。在出土的文物中，较少发现魏时的砚，但在古籍中却有很多的记载。在晋代，由于多使用漆烟、松煤混合制作的墨丸，砚的形制也随之变化，成为凹心砚。南北朝时，瓷砚的制作与晋代一脉相承，大都以青瓷制作，多为圆形，砚心无釉，均有足（或蹄形足）。

图 14　唐代龟形澄泥砚，上海博物馆藏

图 15　西汉彩绘银箔漆砚，江苏邗江姚庄 101 号西汉晚期墓出土，扬州市博物馆藏

（四）隋唐时期制砚概况

隋唐时期制砚技术在很大程度上受到当时经济和文化的影响，随着起居环境的变化，砚的造型和样式也发生了相应的调整。在唐砚中，端砚、歙砚、红丝砚等种类的石砚并不多见，其中大多数仍以陶或瓷圆砚为主。唐代中期以后，箕形砚增多，石砚和陶砚都有所发展。陶砚多为澄泥砚，其工艺较为繁复，需先将淘洗过滤的泥质原料与固化剂等添加物混合后以模具制成块状陶坯，再将坯料加工为砚形后入窑烧制，其成品有不易渗水、坚固耐磨的特点。

图16　东汉鎏金兽形铜砚，徐州东汉彭城王墓出土，南京博物院藏

（五）五代时期制砚概况

五代时期社会动荡、战乱频繁。此时箕形砚的砚足与唐代相比，渐趋变矮乃至无足。导致这种转变的原因，在某种程度上与人们的书写方式变化有很大关系。唐末以来，随着高足桌案的出现，人们写字时的姿势发生了改变。在此情况下，砚足渐趋矮化。此前流行于六朝至唐代的圆形多足砚渐趋少见。另外，在此时期，歙砚被南唐宫廷所选用，标志着材质优良的砚石崭露头角。

（六）宋辽金时期制砚概况

宋代文化繁盛，也是砚文化、砚史中一个光辉的节点。由于文人士大夫的追捧，端砚、歙砚、澄泥砚、瓷砚、玉砚等各种材质的砚在这一时期呈现快速且多样化发展。此时期主要以流行于北方辽金地区的高台砚和流行于两宋统治区的抄手砚为主。两种造型均从箕形砚演变而来。制作上，线条简洁流畅，突出材质及造型的典雅之美，多不加烦琐雕刻，多运用线雕工艺进行装饰。澄泥砚的使用在北方地区较为普遍，以绛州、虢州、相州以及山东柘沟等地所产为佳。此外，带有砚铭的古砚也逐渐增加。

（七）元明时期制砚概况

元代承前代余绪，陶、瓷、石以及金属等各种材质的古砚均有生产。自明代开始，石砚的制作更加注重品质，不同产地的优良砚石品种鳞次栉比，其中以端砚为主要的砚石种类。澄泥砚在这一时期也获得了较好的发展（澄泥太狮少狮砚，图见第200页）。明代陈继儒曾说过："绛县人善制澄泥砚，缝绢袋置汾水中，逾年而取之，陶为砚，水不涸。"此外瓷砚在明代也有一定的产量，其用来研磨朱砂，具有不渗水的效果，但相对石砚而言生产规模仍较小。在明代，砚的雕饰工艺与宋代基本保持趋同，风格浑厚端庄、古朴典雅、造型多样。

（八）清代砚的制作工艺

康雍乾时期，清朝的国力和整体经济实力获得了较好的发展，加之帝王对书法艺术的喜爱和推崇，在一定程度上推动砚文化呈现出较好的发展态势。值得一提的是，产自东北吉林地区的松花石，在康熙年间作为宫廷用砚的首选石材，其绀绿无瑕、质坚而细、滑不拒墨、涩不滞笔的特点，在砚林之中别具一格（松花石御铭砚，图见第18页）。清高宗乾隆皇帝更是热衷于搜罗传世古砚，大力开采端、歙等地的制砚石材，故清代的砚在雕刻风格及样式上，呈现出品类繁复、精美细腻的时代风格。在这一时期，在全国一些大城市形成了砚雕中心，砚雕流派也逐渐出现，并且恢复了漆砂砚等品种（嵌螺钿盒漆砂砚，图见第178页）。藏砚之风也在这一时期达到了鼎盛。同时，各种论砚、评砚的著作与前代相比更加丰富。

四、新时代下制砚的创新和发展

（一）加强对砚制作技巧的创新

我国古代手工艺品，大多数是为了满足人民的生活生产需要而出现的。古砚在某种程度上，也是为了迎合市场上文人墨客的需求而出现的。就当前而言，随着科学技术的不断进步和发展，在文化生活中能够使用到砚的机会越来越少，因而供求关系也发生了严重的失衡，制砚的发展同样面临巨大挑战。首先在艺术创新上可以出现一些原工艺不能达到的效果，应与时俱进用发展的眼光来看待传统工艺技术革新的步伐。其次要利用现有科技，用影像将此前需要传承的环节记录下来，必要时仍可以借助这些资料帮我们还原其完整的工艺步骤。

（二）加强对制砚技艺的保护和扶持

当下应加强对古砚制作技艺的支持，在此基础上建立相关的配套机制来辅助其顺利传承。在对制砚技艺进行保护的过程中，首先应当制定出具体的发展目标和保护举措。当前的古砚制作，大多数仍是依照传统手工作坊的形式进行生产。在这种情况下很难进行产业化。应通过提升制砚品种，促进产业间的融合，加大资金的投入，重点培育出优势项目，来进一步提升古砚产品的知名度和市场影响力。此外还应当注重对古砚传承人和专业人才的培训，建立相关专业的古砚制作技艺学校和培训机构，通过这种形式，可以在新时代下培养出更多的生产制作古砚的专业性人才，传承、发展制砚技艺及砚文化。

虽然制砚业就目前发展而言与其他产业相比存在滞后性，但就其本身的文化含金量而言，仍具有广阔的发展前景。相信在理清行业前进方向与传统文化价值的基础上，将传统技艺理念更好地融入进现代砚的制作过程中，与新时代制砚技艺相碰撞，可以制作出更加个性化、艺术化和多元化的砚品，使当代制砚业能够与时俱进，焕发出新的活力，最终古砚文化也将得以长久地弘扬和传播。

结语

　　在中华文明厚重而悠久的历史之中，有着取之不尽的艺术素材，砚文化与制砚业更是如此。作为文明传承的载体，砚在中华文明发展进程中起到了重要的作用。注入了文明的内在精神和基因，植根于中华传统文化中的砚学，仍有待大家深入挖掘其中的文化内涵。

（作者单位：北京市文物交流中心）

注　释

①〔宋〕苏易简等：《文房四谱》（外十七种），上海：上海书店出版社，2015年，第1、174、181、204、260页。
②湖南省博物馆：《湖南长沙市郊五代墓清理简报》，《考古》1966年第3期，第159页。
③〔唐〕李贺：《杨生青花紫石砚歌》，《全唐诗》第四册，长沙：岳麓书社，1998年，第724页。
④〔后晋〕刘昫：《旧唐书》第十三册，北京：中华书局，1975年，第4312页。
⑤〔宋〕苏易简等：《文房四谱》（外十七种），上海：上海书店出版社，2015年，第41页。
⑥〔宋〕苏易简等：《文房四谱》（外十七种），上海：上海书店出版社，2015年，第182页。

浅谈中国传统艺术精神在制砚中的体现

郝佳雯

砚是一种中国传统的文房用具，其历史最早可以追溯到上古时期，作为研磨颜料的工具而出现，古人称之为"即墨侯"。汉魏以后，随着墨的进化、砚材的开发以及雕刻工艺技术的进步，砚逐渐引起了文人阶层的审美兴趣，文人赏砚、品砚、藏砚之风渐盛，砚遂成为历代文人雅士的珍爱之物。明代陈继儒在《妮古录》中指出："文人之有砚，犹美人之有镜也。一生之中最相亲傍。"可以说，制砚美学代表了历代文人的审美倾向，更与中国传统艺术精神密不可分。北京市文物交流中心（以下简称"中心"）藏砚丰富，数量多而品种全。本文从中心藏砚实物入手，分析提炼出了制砚美学中蕴藏的"器而不饰""器以载道""制器尚象""因材施艺""阴阳相生"五种中国传统艺术精神。

一、"器而不饰"艺术精神的体现

"器完而不饰"出自西汉刘安《淮南子·齐俗训》："治国之道，上无苛令，官无烦治，士无伪行，工无淫巧，其事经而不扰，其器完而不饰。"这里的"器完而不饰"是指器物功能完备，不做无谓的修饰，不添加与功能无关之物。在制砚的实践活动之中，"器而不饰"可以引申为两个层面的含义。

其一，强调的是一种制具尚用、以功能的实现为追求的实用美学。早在先秦时期，墨子就提出功利主义原则，极力强调物态生产的实用性，主张"先质而后文"，所谓"衣必常暖，然后求丽；居必常安，然后求乐"。这就是实用第一性。而且，他以实用作为美的评价的依据，"功利于人谓之巧，不利于人谓之拙"。砚亦被称为"研"，汉末刘熙《释名》曰："砚者，研也，可研墨使和濡也。"可以看出，砚的本质是研墨的工具，其最初的出现便是以实用为目的，东坡所谓"涩不留笔，滑不拒墨者，最为上品"便为此意。因此，历代砚台的发展演变以及砚材的选择均与其实用功能紧密相关。

1975年，湖北云梦睡虎地秦墓出土一方石砚，这是目前已知最早的砚台实物。此砚近圆形，附有很大的石质研杵。当时墨尚未成锭，为零碎的片状或颗粒状，使用时需用研杵碾压墨粒加水研成墨汁。这种状况一直延续到东汉前期。出土的西汉石砚多附研杵，带盖者盖中部隆起，砚面留出凹窝，以备放置研杵。东汉后期，墨始制成锭，研杵才逐渐消失。墨的进化推动了砚材的发展。由于砚台承受的压力大为减轻，岩石以外的砚材应运而生，但石料仍然在砚材中占据主导地位。唐代以后，随着端、歙、洮河、红丝等名石的发现，石砚的制作进入新的阶段。发展至宋代，抄手砚逐渐流行，其原因与当时壁画的大量绘制是分不开的。在绘制壁画时，画家需要随时把砚台拿在手里，所以砚下方挖空，方便手持的同时，也减轻了砚身重量，增强了其实用性。同时，抄手砚两侧边下垂，取代了唐代箕形砚的双足以支撑砚台，使制作过程更加简单。另一方面，抄手砚器形的发展也与研墨方式的改变有关。宋人磨墨采用直磨方式，即在砚堂上前后推墨，所以宋时抄手砚堂多为斜池。至明代后，磨墨方式发生了改变，变为了圆磨，即以水平方向打圈的方式在砚堂研磨，这样一来斜池就不再方便，于是抄手器形在明代演变成了平池。砚台器形的历史发展，体现出了制具尚用的精神内涵。

其二，"器而不饰"还可以看作对砚石自然属性的一种追求。随着文人阶层玩砚赏砚之风盛行，文人雅士的审美意趣和价值取向也逐渐影响着砚台的审美风尚。这种含蓄、内敛、自然、淡泊、清新和儒雅的文人气质，使得人们更加重视自然形成的石品、石性，追求雅致、素净的制砚风格，砚石的质、色成为制砚者关注的重点。适宜制砚的石材种类繁多，以四大名砚之首端砚所用的端石为例，因石料采自不同的坑洞，各坑洞开发于不同的历史时期，所出砚石也各具特色，石品不尽相同。著名的有水岩老坑（含大西洞、水日洞）、岩仔坑（又称坑仔岩）、宋坑、梅花坑、宣德岩、麻子坑、朝天岩等。端石内天然生出形形色色的花纹，千姿百态，异常美观。为这些天然图案命名，谓之"石品"，有胭脂晕、蕉叶白、青花、火捺、鱼脑冻、荡、天青、翡翠、猪肝冻、金星点、金银线、冰纹、鸡血纹、鸡脚筋、白辉点、石眼等。因此，许多文人雅士钟情于不加雕琢的素砚，认为素砚更可以突出砚材的"品"与"德"，极简便是极雅。

中心藏一端石砚砖（图见第100页），此砚集合了胭脂、火捺、青花、天青、冰纹、金线等多种石品，不用过多雕琢便能带给观者美的体验。摒弃无关的修饰，直观地品读砚石天然的美感，更能发人深思，从而获得"磨之磨之，涅之涅之，磨磨涅涅，其如汝何"的感悟。托物言志，通过对砚品的欣赏，表达自身对于品德高洁、意志坚定、不以物喜不以己悲的高尚情操的追求。

二、"器以载道"艺术精神的体现

道器合一，器以载道。在中国传统艺术精神之中，"道"与"器"的关系可以说是一个经典命题。《易传·系辞上》云："形而上者谓之道，形而下者谓之器。""道"是一种抽象的概念，一般与社会意识、社会制度或自然法则相联系，"器"则是指各类具有造型体态的实际物体。随着人类社会的不断进步，器物的制造实践中也逐渐体现出一定的社会意识与社会秩序，促使"器"的制造逐渐超越"形而下"的实用层面，成为"形而上"精神的物化载体。有些器物的存在超越了其实际使用功能，转而承载着社会责任，即所谓的"象征机能"。这也是一件物品的内涵所在。

在砚台的制作上亦是如此。以清代乾隆时期制造的各式仿古套砚为例，乾隆四十一年（1776年）以后，清廷曾分别以端石、歙石、澄泥大量仿制古砚，用来赏赐宗室大臣，每套六件。有仿汉未央砖海天初月砚、仿汉石渠阁瓦砚、仿唐八棱砚、仿宋德寿殿犀纹砚、仿宋天成"风"字砚、仿宋玉兔朝元砚，此六砚分别为文化昌隆的汉、唐、宋三朝的典型砚式。可以想见，当时的清朝宫廷之所以大规模地制造此类仿古砚，并著录于《西清砚谱》之中，除却皇帝个人的审美偏好之外，体现清代宫廷砚文化意在传承汉宋之正统、展现清代制砚工艺水平的政治文化目的亦不容忽视。仿古砚作为一个独立的门类出现，已然超越了实用与观赏的目的。在用途上，除部分赏赐宗室王公外，仿古砚几乎全部被配套发往各宫殿及行宫当作陈设品。

中心所藏歙石仿唐观象砚（图见第 20 页），为端石仿唐观象砚，正八角形，砚面开砚堂，上端深錾成墨池，四周起框。砚背开覆手，内刻乾隆御题砚铭："古圣观象，意在笔前。卦虽画八，理具先天。伊谁制砚，义阐书编。四维四隅，匪方匪圆。弗设奇偶，全体备焉。玩辞是资，选石仿斿。滴露研朱，用佐穷年。乾隆丙申新正，御铭。"印"德充符""会心不远"。砚底上部刻楷书砚铭："仿唐观象砚。"

中心另有一方端石仿宋天成"风"字砚（图见第 26 页），其形如"风"字，下边微凹，故而得名。砚面上方开偃月形墨池，砚堂平坦，光素无纹饰。砚背镌刻乾隆御铭："大山噫气，其名曰风。天成取象，制此陶泓。绵几批诺纶绋成，君子之德惕予衷，敢曰万方无不从。乾隆御铭。"印"含辉""会心不远""德充符"。砚顶刻楷书砚名"仿宋天成'风'字砚"。砚铭言说"风"字之典故，意蕴深厚。以"风"字为砚，乃表现太平盛世之繁盛景象。

三、"制器尚象"艺术精神的体现

"制器尚象"，语出《周易》爻辞，即指观象制器。《周易正义·系辞上》提出："易有圣人之道四焉，以言者尚其辞，以动者尚其变，以制器者尚其象，以卜筮者尚其占。"许多器物的造型皆来源于自然物，这就要求创作者在创作前深入了解自然万物的各部分结构特征，并在创作时身心融入自然，结合自身文化修养与艺术修养，把自然物的形态应用于器物的造型之中。这种对于自然的模仿不仅限于追求外形的相似，更要求形神兼备、气韵天成。

在制砚活动之中，仿生砚最能体现"制器尚象"的艺术精神。仿生砚的外形轮廓一般如动物植物之形状，如动物形之蝉形砚、鹅形砚等，植物形之蕉叶砚、荷叶砚、佛手砚等。仿生砚历史悠久，汉代的双鸠盖三足石砚及唐代的龟形陶砚都可以视作仿生砚的早期形态。由于早期制砚技术还欠成熟，所以仿生大多仅局限于外貌上的形似。文人砚出现后，仿生砚的艺术风格逐渐发生了转变，从单纯追求通体外形上的仿生，转变为以形神兼备为目标的仿生。同时，砚台的雕刻工艺也发生了改变，从以雕刻繁复的线条来复制仿生对象，转变为以尽量简约自然的刀法来最大程度地概括仿生对象的特征。仿生砚的主流艺术风格从追求形似的写实，转而变为追求神似的写意，这种变化与同时期文人画的出现和发展有着紧密的联系。魏晋时期，顾恺之就提出了"以形写神"，随后南朝谢赫又提出"应物象形"，扩大了"以形写神"的应用范围。此后，"形"与"神"的辩证关系成为历代文人学者不断思考与讨论的问题。与工笔画与写意画相对应，仿生砚也可以分为工艺精致、注重细节表现的工细一路，以及线条简练、注重内在精神的写意一路两个种类。

中心藏端石金蟾砚（图见第 212 页），整体砚身为一只伏于地面的三足金蟾，形象逼真，立体生动，憨态可人。细节刻画极为精细，金蟾的皮肤肌理、眼周纹路无一不被细致刻出。尤其是金蟾身上的癞皮斑点，通体以减地法留出大小参差的不规则圆形点面，大如黄豆，小如粟粒，依形体的起伏变化排列，富有变化。从各个角度、各个方位观察，都会被细节与形态的逼真所震撼，仿佛能感受到这只金蟾已经作好准备，即将一跃而起。此砚石质细腻柔和，雕工细致入微、一丝不苟，工艺达到无以复加的程度，具有极强的观赏性，可以说是工细类仿生砚的典型之作。

与之相对，中心另藏一端石竹节砚（图见第41页）。此砚以竹节为形，雕工简练，整体未出现一处用于细节装饰的线条，均以高度概括的形体展现完美的曲线轮廓，取得其神。无需额外繁复的雕琢，不求面面俱到，平淡天真之气充沛，令人直观地感受到竹君子的劲节之风，透露出明代文人追求素雅、明快、简约质朴的审美标准和高度概括的表现手法，并以物比德，象征了文人的风骨气节。此砚背面有铭："不可一日无此君。湘兰为百谷铭。"马湘兰（1548～1604年），本名马守真，小字玄儿，又字月娇，号湘兰。金陵（今江苏南京）人，明代歌妓、女画家、诗人。马氏在家中排行第四，人称"四娘"。为人旷达，性情轻侠，常挥金以济少年。秉性灵秀，能诗善画，尤擅画兰竹。马湘兰慕名求访者甚多，与江南才子王稚登交谊甚笃。王稚登（1535～1612年）即此砚铭文中的百谷先生，另字伯谷、伯固，号松坛道士，江阴人，后移居苏州长洲（今江苏苏州），是明代后期文学家、诗人、书法家。王稚登年少时有才名，四岁时能属对，六岁善擘窠大字，十岁时能诗，名满吴会。王稚登工书法，擅篆、隶、行、草书，著有《吴社编》《金昌集》《国朝吴郡丹青志》等。王世贞对王稚登有高度评价："故相国袁公以文显重嘉靖末，然生贵甚鲜可，而独才吾吴人王百谷于国士少双，百谷坐袁公广坐中，无所不睥睨。"此砚可以视为当时江南文人交往的重要证物，亦代表着明末文人阶层的审美意趣。

四、"因材施艺"艺术精神的体现

自古以来，世人就认识到世间万物皆为自然界对于我们的恩赐，因此提出了"敬天、惜物、尽用、节用"等造物思想，逐渐形成了"物尽其用""敬天惜物"的造物理念与艺术精神。《考工记》中有记："审曲面执，以饬五材，以辨民器，谓之百工。"五材是指石、土、木、金、革，这些是古代制作器物的主要材料。"审曲面执"，就是仔细观察物体的曲直变化，根据物性，施以人工制作器物，这是百工的职责所在。老子《道德经》中说"常善救物，故无弃物，是谓袭明"，也就是说只要善于做到物尽其用，就没有应该废弃的物品，万物皆有其价值，都可以被合理利用。《淮南子·泰族训》又说："埏埴以为器，剡木而为舟，烁铁而为刃，铸金而为钟，因其可也。"这些文献阐述了个体与自然之间的关系，指出在造物的实践中应尊重和顺应自然万物的发展规律，因材施艺，物尽其用。

在砚台的制作实践中，"敬天惜物"及"因材施艺"的中国传统艺术精神也得到了充分的体现，随形砚可以视为其中的代表之一。随形砚就是指根据砚石的自然形态，巧加设计而成的砚台。砚的制作本身是就地取材，砚石材质的美好是砚艺术的重要价值来源。因为砚石的形态各异，因此随形砚的外观也不拘一格。在设计之时，需要结合石材的本身形状、纹理、肌理、色彩、石品及设计者自身的审美倾向，把众多因素自然地结合在一起，设计出最适宜的图案，还要将砚堂、砚池的形态与整体造型设计相结合，使之不失砚材本身的美感。

中心藏端石海天旭日砚（图见第72页）便为其中代表之一，砚台整体呈不规则椭圆状，依砚石形态设计卷云雕于砚额之上，砚池为圆形，好似一轮初升的红日，砚池下方雕刻海水纹。砚背原石质感清晰可见，并在中间刻有彭元瑞款铭文："海波茫茫旭日生，研工取象图为形，隃糜磨汁倾数升，顷刻风云上管城，可以驾浪游蓬瀛。彭元瑞铭。"印"元瑞"。此砚雕工精美，极富动感，具有典型海天旭日砚特征，可谓物尽其用，艺术价值颇高。

"因材施艺"这一艺术精神在巧雕砚中亦有所体现。巧雕砚是指在雕刻时巧妙利用砚材的颜色、石品等进行创作的一种技法，每一件作品因石材特点不同，都具有各自的不可预设与不可模仿性。

中心藏端石猫形砚（图见第207页），最为突出的特征便为其上石眼的巧雕。石眼是端石独有的石品，是一种天然的石核，酷似动物的眼睛，以圆正明媚、色彩纷繁者为佳，鲜活生动。好的石眼赏心悦目，能使砚材价值倍增。此方端石猫形砚双面各有两眼，砚工巧妙地利用了这些黄绿色的自然石眼作猫眼。正面两眼间距较大，因此整体外形雕为猫形，猫腹做砚堂。背面两眼间距较小，遂雕成一小猫卧于山石之上。此砚石品上乘，构思巧妙，雕工精细，至为难得。

中心另藏一方菊花石圆池砚（图见第205页）。菊花石属一种矿石，质地坚硬，外表呈深灰、蟹青、蟹黄等色，石上天然生有洁白晶莹形如菊花的花纹，故名。菊花石以湖南浏阳出产最为著名，约清中期以后始开采，之后成为贡品，为人珍视。该砚砚面有四朵菊花形态的白色花纹，制砚者因材施艺，在白色花纹周边寥寥几笔雕刻出茎叶纹样，造型自然，雕工简练，几朵菊花栩栩如生，可谓巧夺天工，材美而工巧。

五、"阴阳相生"艺术精神的体现

阴阳，代表了一切事物中最基本的辩证关系，是自然存在的客观规律，万物运动变化的本源。中国传统艺术，充满了对于辩证法的领悟和运用，追求的便是一种阴阳相生、对立统一的和谐之美。与绘画艺术的表现手法不同，砚台的制作是以刀代笔的，但其艺术精神却与中国传统绘画一脉相承。在制砚艺术中，"阴阳相生"可以理解为主与次的和谐、虚与实的和谐、疏与密的和谐、线与面的和谐、方与圆的和谐、动与静的和谐等等。处理好这些对立统一的关系是美感产生的关键，进而实现气韵生动、意境丰富的美学追求。

首先，阴阳相生可以理解为一种虚与实的关系，是历代中国艺术创作者们追求的重要审美趋向之一。在绘画上，对于虚与实的布置与处理，老子曾言："知白守黑。"虚处非先从实处着力不可，否则无由入画门。可以说，虚与实二者互为共生，如果没有虚，实也就无法存在。在制砚实践中，虚与实可以泛指砚台形制的空间关系和纹饰雕琢的布局结构，有整体的虚实，也有局部的虚实。雕琢精细且占据主体地位的部分，一般被视为实。而刻画简练概括，起到衬托作用的部分，则常被视为虚。一方好的砚台，应做到空处不空，虚处不虚，虚中有实，实中有虚。从虚处着眼，从实处入手。

中心藏端石雕龙长方砚（图1），砚面开斜通式砚堂，一端深凹为落潮式墨池。池内精雕一神龙吐水，神龙体型虽不大，但龙须与每一片龙鳞都清晰可见，周围浅刻海水纹，与主要部分很好地形成了反差。不难发现，此方砚台上，吐水的神龙可视为实处，而其周围由深至浅逐渐消失的海水纹可视为虚处。可以想见，当墨池中蓄满墨汁时，一墨龙在池中吐水翻腾，四周海浪若隐若现，好一幅仙境之景，虚实相生，动静相宜，气象万千。砚背开长方形覆手，覆手内依旧采用了虚实结合的雕刻手法，凸雕八卦形象图，下方雕一海兽背驮太极图，飞驰于海浪之上。从其雕刻内容上，也可以看出制砚者对于阴阳以及虚实关系的深刻领悟。

图 1　端石雕龙长方砚，北京市文物交流中心藏

　　此外，阴阳关系也可以体现为疏与密的关系。中国绘画理论中有"疏可走马，密不透风"之说，讲的就是画面中要有疏密的对比，砚雕艺术亦是如此。所谓疏，就是雕刻线条稀疏，刀法简略，亦可留白；而所谓密，就是内容构图紧凑，纹饰精细。如果砚身纹饰整体都是"密不透风"，容易使人视觉疲劳，无法分清主次，还有可能不利于砚台本身实用功能的发挥。若通体纹饰"疏可走马"，也会令人感到空洞单薄，乏味无趣，难以给人留下深刻的印象。

　　中心所藏的一方洮河石雕蘑菇随形砚（图见第 148 页）可以看作是疏密结合的杰出之作。古代石砚的材质，如端石、歙石、洮石等，色彩多深沉古朴，少有鲜艳明快的色彩，而此方洮河石雕蘑菇随形砚色泽丰富，集柳叶青、瓜皮黄、羊肝红等颜色于一身，相得益彰。此砚背面刻铭文"洮河上品"，印为"端友制"。陈端友（1892～1959 年），江苏常熟人，是海派砚雕开山之祖，享有近代琢砚艺术第一大师的称誉，此砚便是其创作的精品。陈端友因材施艺，将石料中色泽鲜艳的羊肝红周边部分雕琢成砚堂，上方开砚池，砚池内部整体部分、砚额部分及砚堂下方均阴刻放射状菌纹，线条繁而不乱，精致非常。砚堂部分占据砚面大半，四周以柔和的曲线雕出，未加多余修饰，可视为留白。砚背主体部分依旧以菌纹装饰，然菌纹并未占满整个砚背，菌纹四周雕工简练，与中心部分繁密的菌纹形成了鲜明的对比。此砚构思新颖，繁简相宜，材美工巧，令观者过目不忘。

作为中国传统的"文房四宝"之一，砚的出现与发展历程，与历代文人的审美倾向及中华传统文化的发展息息相关。千百年间，在制砚的实践中，历代能工巧匠与藏砚名家们将中国传统艺术精神及深厚的文化底蕴凝聚在了一方方珍贵的砚台之中，使砚台成为可用、可品、可藏、可诵的中华文化载体。本文结合北京市文物交流中心藏砚，提炼出了制砚美学中蕴藏的"器而不饰""器以载道""制器尚象""因材施艺""阴阳相生"五种中国传统艺术精神，以此浅见请教方家。

（作者单位：北京市文物交流中心）

参考文献

[1] 张淑芬主编《文房四宝·纸砚》，上海：上海科学技术出版社、北京：商务印书馆，2005年，第18页。
[2] 杜明星：《治器显道——从古代造物看中国传统造物思想》，《湖南包装》2020年第4期。